UNA GUÍA

los dones del Espíritu

Ron Phillips

CASA
CREACIÓN

Una guía esencial para los dones del Espíritu por Ron Phillips
Publicado por Casa Creación
Una compañía de Charisma Media
600 Rinehart Road
Lake Mary, Florida 32746
www.casacreacion.com

A menos que se exprese lo contrario, todas las citas de la Escritura están tomadas de la Santa Biblia Reina Valera Revisión 1960 ©Sociedades Bíblicas Unidas, 1960. Usada con permiso.

Otra versión usada es la Santa Biblia, Nueva Versión Internacional ©1999 por la Sociedad Bíblica Internacional, indicada (NVI). Usada con permiso.

La grafía y significado de los términos griegos corresponden a la *Nueva concordancia exhaustiva de la Biblia de Strong*, de James Strong, Editorial Caribe, 2003. Usada con permiso; y al *Novum Testamentum Graece*. Nestle-Aland 27 –Interlineal Griego-Español del Texto Maestro de Nestle-Aland 27 - Galeed 2009 –módulo del software e-Sword - La espada electrónica ©2000-2009 Rick

Meyers, versión 8.0.6.con recursos en español provistos por http://eswordbibliotecahispana.blogspot.com/2009_06_01_archive.html . Usado con permiso.

Traducido por: Carolina Laura Graciosi y María Bettina López.
Editado por María del C. Fabbri Rojas
Director de arte: Bill Johnson

Originally published in the U.S.A. under the title: *An Essential Guide to Spiritual Gifts* published by Charisma House, a Charisma Media Company, Lake Mary, FL 32746 USA

Visite la página web del autor: www.ronphillips.org

Library of Congress Control Number: 2011944155

ISBN: 978-1-61638-534-7
E-book: 978-1-61638-772-3

Nota de la editorial: Aunque el autor hizo todo lo posible por proveer teléfonos y páginas de Internet correctas al momento de la publicación de este libro, ni la editorial ni el autor se responsabilizan por errores o cambios que puedan surgir luego de haberse publicado.

Impreso en los Estados Unidos de América
12 13 14 15 16 * 6 5 4 3 2

CONTENIDO

CAPÍTULO 1

Los dones del Espíritu Santo: su necesidad y propósito

En los inicios de su carrera, Thomas Edison —el genio inventor que llegaría a ser conocido como el "Mago de Menlo Park"— inventó una máquina eléctrica para registrar votos. Mientras trabajaba en el puesto de periódicos en el ferrocarril que iba de Port Huron a Detroit, Edison había leído numerosos artículos que detallaban el largo y engorroso proceso del Congreso para votar todos y cada uno de los asuntos. Estas demoras a menudo inhibían la capacidad del Congreso para crear o tratar legislación útil y necesaria. Resultaba claro que necesitaban hacer el proceso insumiera menos tiempo y fuera más eficiente. Entra Thomas Edison, y su máquina eléctrica para registrar votos.[1]

El aparato que Edison había inventado permitía que el congresista moviera un interruptor y emitiera un voto sin abandonar su banca. Esto eliminaba el tedio de preparar las boletas, marcar, esperar en una fila para poner la boleta en la urna, la demora para presentar mociones mientras se esperaba el recuento de boletas, etcétera. Edison obtuvo una patente para este dispositivo (fue la primera), y viajó a Washington a reunirse con un representante del Congreso.

Cuando Edison le mostró su invento, el congresista alabó su ingeniosidad y visión. No obstante, rechazó rápidamente el aparato diciendo: "El obstruccionismo y la demora en la tabulación de los votos a suelen ser los únicos medios que tenemos para derrotar a la legislación mala o impropia".

Edison, comprensiblemente, se sintió indignado. El invento era bueno; estaba seguro de eso no solo por convicción propia, sino también por los elogios del congresista. El invento ayudaría a eliminar las demoras que con tanta frecuencia conducían a la incapacidad del Congreso para funcionar con máxima eficiencia. El invento era necesario, solo que no era deseado.

Hoy en día muchos cristianos viven de la misma manera. Creen en la obra redentora de Jesús, y se esfuerzan por tener una relación con Dios que sea real y plena. El Espíritu Santo y los consecuentes dones que trae su presencia beneficiarían enormemente sus vidas, pero ellos creen que esos dones fueron para otro tiempo o que su relación con Dios está bien como está. Los sobrenaturales dones del Espíritu Santo son necesarios, pero no deseados.

¿Quién es el Espíritu Santo?

Mucha gente ve al Espíritu Santo como un miembro tangencial de la Trinidad. Dios el Padre, dicen, es Dios, ciertamente, y huelga decir que Jesús también es Dios. Sin embargo, el Espíritu Santo es una entidad enigmática, efímera. Para algunos, el Espíritu Santo es una fuerza que desciende de Dios mismo para morar en el creyente y guiarlo en toda acción y decisión imaginables; para otros, el Espíritu Santo es el mismo espíritu dador de vida que levantó a Cristo de entre los muertos (Romanos 8:11) quien los capacita para vivir de determinada manera; para otros aun, el Espíritu Santo se parece a una especie de conciencia como Pepito Grillo, que se sienta en sus hombros para ayudarlos a vivir "vidas buenas". Esta falta de claridad se abordó tempranamente en la historia de la iglesia cristiana.

La iglesia primitiva tuvo que lidiar con multiplicidad de interpretaciones y enseñanzas dispares sobre el Espíritu Santo en cuanto a su persona, rol y función. Al tratar estas cuestiones, los dos primeros concilios ecuménicos, el de Nicea, en 325 y el de Constantinopla, en 381, enunciaron el llamado *Credo niceno-constantinopolitano*, que establece como artículo de fe:

> Creo en el Espíritu Santo, Señor y Dador de Vida,
> que procede del Padre y del Hijo, que con el Padre y
> el Hijo recibe una misma adoración y gloria…

El Espíritu Santo, de acuerdo con estos concilios, es uno con el Padre y el Hijo. El Espíritu Santo debe ser adorado. El Espíritu Santo, entonces, es Dios, tanto como el Padre y Jesús, el Hijo.

El Espíritu Santo en la creación

Antes de que hubiera algo, lo cual significa "al principio de todo" cuando Dios creó los cielos y la tierra, se nos dice que el Espíritu Santo se movía sobre la faz del abismo:

> En el principio creó Dios los cielos y la tierra. Y la tierra estaba desordenada y vacía, y las tinieblas estaban sobre la faz del abismo, y el Espíritu de Dios se movía sobre la faz de las aguas.
>
> —Génesis 1:1-2

Aquí está Dios, el Espíritu Santo, moviéndose sobre una apariencia de la tierra que habría de venir: una caótica fuente de la creación de Dios. Este término *movía* es la palabra hebrea *rakjáf* que significa "revolotear o empollar". Esta misma palabra solo se usa dos veces más en la Biblia. Se la usa en Deuteronomio 32:9-12 de la siguiente manera:

> Porque la porción de Jehová es su pueblo; Jacob la heredad que le tocó. Le halló en tierra de desierto, y en yermo de horrible soledad; lo trajo alrededor, lo instruyó, lo guardó como a la niña de su ojo. Como el águila que excita su nidada, revolotea sobre sus pollos, extiende sus alas, los toma, los lleva sobre sus plumas, Jehová solo le guió, y con él no hubo dios extraño.
>
> —Énfasis añadido

Y en Jeremías 23:9:

> A causa de los profetas mi corazón está quebrantado
> dentro de mí, todos mis huesos *tiemblan*; estoy como
> un ebrio, y como hombre a quien dominó el vino,
> delante de Jehová, y delante de sus santas palabras.
>
> —ÉNFASIS AÑADIDO

Estos pasajes nos permiten vislumbrar la naturaleza abrumadora, ordenada e incluso maternal del Espíritu Santo. Además, en Hebreos 11:3 leemos que por la Palabra de Dios[2] toda la creación vino a la existencia por el poder de su Espíritu Santo:

> Por la fe entendemos haber sido constituido el uni-
> verso por la palabra de Dios, de modo que lo que se
> ve fue hecho de lo que no se veía.
>
> —HEBREOS 11:3

Resulta claro que el Espíritu Santo está activo en el nacimiento de toda vida sobre el planeta tierra. El Espíritu Santo es la vida de Dios liberada sobre la tierra caótica e inundada.

El Espíritu Santo en la creación del hombre

Es evidente que el Espíritu Santo obró para crear orden a partir del caos presente en el principio, pero en Génesis 2:7 leemos estas asombrosas palabras:

> Entonces Jehová Dios formó al hombre del polvo de
> la tierra, y sopló en su nariz aliento de vida, y fue el
> hombre un ser viviente.

Dios "sopló" aliento en el hombre para darle vida. La palabra sopló en hebreo es *nafákj*, que proviene de *néfesh* o "alma". El Espíritu de Dios le dio un "alma" al hombre.

En su clásica obra *Teología sistemática*, el teólogo Wayne Gruden define la obra del Espíritu Santo de la siguiente manera: "La tarea del Espíritu Santo es la de manifestar la presencia activa de Dios en el mundo, y especialmente en la iglesia."[3]

El Espíritu Santo en la creación de las Escrituras

Es no solamente importante sino también vital entender que el Espíritu Santo también inspiró las sagradas Escrituras tanto del Antiguo como del Nuevo Testamento. Por ejemplo, en 2 Pedro 1:19-21 (NVI):

> Esto nos ha confirmado la palabra de los profetas, a
> la cual ustedes hacen bien en prestar atención, como
> a una lámpara que brilla en un lugar oscuro, hasta
> que despunte el día y salga el lucero de la mañana en
> sus corazones. Ante todo, tengan muy presente que
> ninguna profecía de la Escritura surge de la interpre-
> tación particular de nadie. Porque la profecía no ha
> tenido su origen en la voluntad humana, sino que los
> profetas hablaron de parte de Dios, impulsados por
> el Espíritu Santo.

Esta idea de que los escritores de la Biblia fueron "impulsados por el Espíritu Santo" es una hermosa descripción visual. Pedro le explica al lector, usando términos náuticos con los que estaba familiarizado, el proceso por el cual los escritores recibieron inspiración.

Imagine el mar de Galilea. Ahora imagine un solitario bote pesquero en un mar calmo. De pronto, el viento comienza a moverse y las velas empiezan a hincharse. El viento llena las velas y comienza a mover el bote rápidamente por el agua. Es de esta forma como el Espíritu Santo llenó a los escritores de la Biblia para que transmitieran las narraciones, verdades y profecías que Dios quería transmitir a las generaciones.

El Espíritu Santo y Jesús

Este libro se está escribiendo en los meses inmediatamente previos a Navidad, y es natural que mi mente se vuelque a la obra más maravillosa del Espíritu Santo: la Encarnación.

En las escabrosas planicies de Esdralón en Judea se ubica el pequeño pueblo de Nazaret. Una joven llamada María, probablemente una adolescente, trabaja con diligencia por la prosperidad y sustento de su familia. Es inocente, apenas tiene edad para considerar el matrimonio. Un carpintero llamado José se encuentra con el padre de María para pedir su mano en matrimonio. Se acuerda el compromiso y, en todos los sentidos, a los ojos de su comunidad están casados; aunque no vivan juntos y no hayan consumado su matrimonio.

Una noche, vino un ángel llamado Gabriel y turbó el sueño tranquilo de María con una asombrosa declaración:

> Y entrando el ángel en donde ella estaba, dijo: ¡Salve, muy favorecida! El Señor es contigo; bendita tú entre las mujeres. Mas ella, cuando le vio, se turbó por sus palabras, y pensaba qué salutación sería esta. Entonces el ángel le dijo: María, no temas, porque has hallado gracia delante de Dios. Y ahora, concebirás en tu vientre, y darás a luz un hijo, y llamarás su nombre JESÚS. Este será grande, y será llamado Hijo del Altísimo; y el Señor Dios le dará el trono de David su padre; y reinará sobre la casa de Jacob para siempre, y su reino no tendrá fin.
>
> —Lucas 1:28-33

Imagine estar en la situación de María. Acaba de recibir la noticia de que va a ser la madre del Mesías. A su simple respuesta: "¿Cómo será esto? pues no conozco varón", Gabriel responde con una asombrosa revelación:

> El Espíritu Santo vendrá sobre ti, y el poder del Altísimo te cubrirá con su sombra; por lo cual también el Santo Ser que nacerá, será llamado Hijo de Dios. …porque nada hay imposible para Dios.
>
> —Lucas 1:35-37

¡Jesús fue concebido en el vientre virgen de María por el poder y la "sombra" del Espíritu Santo!

Antes de dejar este relato, sería bueno que observáramos otro aspecto de esta narración.

En Efesios 2:8 se nos dice que la fe no es algo inherente a los humanos ni tampoco algo que elegimos creer sino, mas bien, la fe es un don que recibimos de Dios:

> Porque por gracia sois salvos por medio de la fe; y esto no de vosotros, pues es don de Dios.

Ahora póngase en lugar de María (e incluso de José). Le acaban de decir, por separado de su prometido, que algo jamás imaginado fuera del ámbito de los profetas—que siempre reciben honra salvo en su propia tierra—está por suceder: una virgen dará a luz un hijo. ¿Qué clase de fe le habrá sido requerida a María? Fácilmente podríamos descartarla, puesto que María conocía de primera mano su falta de experiencia sexual, y en el momento en que comienza a mostrar las señales físicas de embarazo ha pasado de la fe a la evidencia. Pero ¿qué podemos decir de José?

Imagine el tremendo don de fe que se le habrá concedido a José; para oír la palabra de uno que se le apareció en un sueño y creerle al punto de no abandonar a María en secreto como estuvo a punto de hacer para salvarla de la deshonra, o para no avergonzarla públicamente como era su derecho, ¡con lo cual probablemente le habría causado la muerte!

El delicado resplandor de ese particular milagro de Navidad—el milagro de la fe dada a María y José—con frecuencia ha quedado eclipsado por el fulgor del milagro de la Encarnación, pero dejar este relato y no ver la milagrosa obra del Espíritu Santo en la vida de los padres terrenales de nuestro Señor sería una lamentable pérdida de nuestra parte. ¡Gracias Dios por el milagro de fe producido por el poder del Espíritu Santo!

El Espíritu Santo en el ministerio de Jesús

Antes de abordar los temas de esta sección, es importante aclarar unas cuantas cuestiones doctrinales referentes a la persona de Jesús. Esto no se propone ser exhaustivo puesto que existe abundante material para el estudio de la cristología; sin embargo, hay que establecer desde un principio que Jesús era enteramente Dios y enteramente hombre. Aunque retuvo su deidad a través de su humanidad, es importante—especialmente con referencia al tema de este libro—observar que Jesús, como Dios hecho carne, eligió despojarse del uso independiente de su poder como Dios. En cambio, siempre fue guiado por Dios el Espíritu Santo en el uso de sus atributos divinos.

Jesucristo se movió como un hombre lleno del Espíritu Santo mientras estuvo en la tierra. Nunca renunció a su deidad durante los días de su humanidad pero se despojó de sus derechos de deidad y se movió en el poder del Espíritu Santo:

> Haya, pues, en vosotros este sentir que hubo también en Cristo Jesús, el cual, siendo en forma de Dios, no estimó el ser igual a Dios como cosa a que aferrarse, sino que se despojó a sí mismo, tomando forma de siervo, hecho semejante a los hombres; y estando en la condición de hombre, se humilló a sí mismo, haciéndose obediente hasta la muerte, y muerte de cruz.
>
> —FILIPENSES 2:5-8

Jesús se despojó a Sí mismo y se convirtió en un ejemplo de la vida llena del Espíritu. En su bautismo en agua, Jesús fue lleno del Espíritu Santo. Considere el relato de Lucas 3:21-22:

> Aconteció que cuando todo el pueblo se bautizaba, también Jesús fue bautizado; y orando, el cielo se abrió, y descendió el Espíritu Santo sobre él en forma corporal, como paloma, y vino una voz del cielo que decía: Tú eres mi Hijo amado; en ti tengo complacencia.

Y el de Lucas 4:1-2:

> Jesús, lleno del Espíritu Santo, volvió del Jordán, y fue llevado por el Espíritu al desierto por cuarenta

días, y era tentado por el diablo. Y no comió nada en aquellos días, pasados los cuales, tuvo hambre.

El Espíritu Santo en el bautismo de Jesús

Han transcurrido aproximadamente treinta años desde la Anunciación y un rústico hombre que viste piel de camello y come langostas con miel se ha preparado para el avivamiento en la ribera del río Jordán cerca de Betania. Su mensaje era simple: ¡ARREPENTÍOS! El mensaje de arrepentimiento de Juan se formulaba dentro del mensaje más amplio de la pronta aparición del Mesías de Dios; aquel cuya correa Juan no sería digno de atar. Juan dijo a sus oyentes:

> Yo a la verdad os bautizo en agua; pero viene uno más poderoso que yo, de quien no soy digno de desatar la correa de su calzado; él os bautizará en Espíritu Santo y fuego. Su aventador está en su mano, y limpiará su era, y recogerá el trigo en su granero, y quemará la paja en fuego que nunca se apagará.
>
> —Lucas 3:16-17

Un día, a la mitad del sermón, Jesús se apareció allí en la orilla del Jordán; este hombre sin pecado había oído el mensaje de arrepentimiento de Juan. Pero la aparición de Jesús fue recibida con júbilo por Juan:

> He aquí el Cordero de Dios, que quita el pecado del mundo. Este es aquel de quien yo dije: Después de mí viene un varón, el cual es antes de mí; porque era

primero que yo. Y yo no le conocía; mas para que fuese manifestado a Israel, por esto vine yo bautizando con agua.

—JUAN 1:29-31

Ahora imagine el rostro de Juan el Bautista cuando Jesús entró en las frías aguas del Jordán y se ubicó allí ante él para ser bautizado. Lea sus palabras:

Yo necesito ser bautizado por ti, ¿y tú vienes a mí?
—MATEO 3:14

Juan estaba reconociendo el hecho de que Jesús no necesitaba arrepentirse. Pero Jesús mostró profunda humildad en su obediencia a Dios. Aunque era perfecto y puro, era, según las palabras de Matthew Henry para Juan 17:19: "lavado como si hubiera estado contaminado; y de esta forma por nuestra causa se santificó a sí mismo, para que nosotros también seamos santificados, y bautizados con él".[4]

Jesús respondió a la declaración de Juan mostrando absoluta obediencia a la voluntad de Dios el Padre:

Deja ahora, porque así conviene que cumplamos toda justicia.

—MATEO 3:15

Aunque Jesús era cien por ciento Dios, y jamás había pecado, mostró el deliberado despojamiento de sus atributos divinos.

Ahora imagínese a sí mismo en la multitud reunida allí en la arenosa ribera del Jordán. Ve cómo Juan baja a Jesús al agua y cuando se levanta los cielos se abren y una figura que ha tomado la forma de una paloma—el Espíritu Santo—comienza a descender de los cielos, y súbitamente se oye a una voz decir desde la inmensidad:

> Este es mi Hijo amado, en quien tengo complacencia.
> —Mateo 3:17

Muchos sugieren que este es el comienzo del ministerio terrenal de Jesús. Qué maravilloso es ver que Jesús no iba a comenzar su ministerio, no se atrevería a soportar las pruebas del mismo, sin la ayuda y el revestimiento de poder del Espíritu Santo; y hablando de pruebas...

Después de su bautismo, Jesús fue llevado por el Espíritu Santo al desierto donde ayunó durante cuarenta días y cuarenta noches, y fue tentado por Satanás. Jesús desbarató la tentación de Satanás y salió de su ayuno en el desierto en el poder del Espíritu Santo. Su anuncio formal del inicio de su ministerio estuvo macerado en una declaración controvertida:

> El *Espíritu del Señor* está sobre mí, por cuanto me
> ha ungido para dar buenas nuevas a los pobres; me

ha enviado a sanar a los quebrantados de corazón; a pregonar libertad a los cautivos, y vista a los ciegos; a poner en libertad a los oprimidos; a predicar el año agradable del Señor.

Y enrollando el libro, lo dio al ministro, y se sentó; y los ojos de todos en la sinagoga estaban fijos en él. Y comenzó a decirles: Hoy se ha cumplido esta Escritura delante de vosotros.

—Lucas 4:18-21, énfasis añadido

Si Jesús—Dios encarnado, la plenitud del Dios-hombre—necesitó al Espíritu Santo, ¡entonces obviamente todos los creyentes lo necesitan aún más!

El Espíritu Santo en la conversión

En el Shemá, el gran mandamiento dado a Israel en el desierto, se nos ordena "amarás a Jehová tu Dios de todo tu corazón, y de toda tu alma, y con todas tus fuerzas" (Deuteronomio 6:4-5). He oído a muchos predicadores, maestros y apologistas cristianos usar esta instrucción, y la afirmación que Jesús hace de ella, para fomentar la noción de que el cristianismo es una fe lógica que puede resistir el escrutinio y el cuestionamiento. Creo esto; sin embargo, hacer del cristianismo algo que solo tiene que ver con la mente es transitar por un camino peligroso. El cristianismo resiste el razonamiento, y una persona debería considerar seriamente toda idea que se predique desde un púlpito, pero la experiencia y el proceso de conversión son más importantes.

En su libro *The Mystery of the Holy Spirit* (El misterio del Espíritu Santo), A. W. Tozer, el gran evangelista y uno de los escritores más perspicaces del siglo veinte, afirmó el siguiente precepto:

> ¡Si deben razonar con usted para que acepte el cristianismo, algún tipo despierto puede hacerlo razonar lo contrario! Si viene a Cristo por un destello del Espíritu por el cual sabe intuitivamente que es hijo de Dios, lo sabe por el texto pero también lo sabe por la luz interior, la iluminación interior del Espíritu, y nadie podrá jamás convencerlo de lo contrario.[5]

No me malinterprete; la idea no es exclusiva de Tozer. Su proclamación es una mera elaboración y explicación de una verdad bíblica simple pero vital que Jesús enseñó en Juan 16:8-15, mientras trataba de explicar la obra del Consolador venidero a sus discípulos:

> Y cuando él venga, convencerá al mundo de pecado, de justicia y de juicio. De pecado, por cuanto no creen en mí; de justicia, por cuanto voy al Padre, y no me veréis más; y de juicio, por cuanto el príncipe de este mundo ha sido ya juzgado. Aún tengo muchas cosas que deciros, pero ahora no las podéis sobrellevar. Pero cuando venga el Espíritu de verdad, él os guiará a toda la verdad; porque no hablará por su propia cuenta, sino que hablará todo lo que oyere, y os hará saber las cosas que habrán de venir. El me

glorificará; porque tomará de lo mío, y os lo hará saber. Todo lo que tiene el Padre es mío; por eso dije que tomará de lo mío, y os lo hará saber.

En un libro anterior de esta serie, detallé las implicaciones de la conversación entre Jesús y Nicodemo en la que Jesús le explicó al fariseo que para entrar al reino de Dios era necesario nacer de arriba, por el Espíritu:

De cierto, de cierto te digo, que el que no naciere de agua y del Espíritu, no puede entrar en el reino de Dios. Lo que es nacido de la carne, carne es; y lo que es nacido del Espíritu, espíritu es. No te maravilles de que te dije: Os es necesario nacer de nuevo. El viento sopla de donde quiere, y oyes su sonido; mas ni sabes de dónde viene, ni a dónde va; así es todo aquel que es nacido del Espíritu.

—Juan 3:5-8

Cuando usted combina estas tres enseñanzas, comienza a entender la verdad de que nuestra nueva vida nos viene por virtud del Espíritu y no por cualquier otra cosa u obra en la que podamos confiar. En uno de los momentos más duros del ministerio de Jesús, se vio obligado a ver cómo sus discípulos lo abandonaban porque sus enseñanzas se habían vuelto "palabras duras". A esto, Jesús les respondió como sigue:

> El espíritu es el que da vida; la carne para nada aprovecha; las palabras que yo os he hablado son espíritu y son vida.
>
> —Juan 6:63

Oiga esas palabras; ¡el Espíritu es vida! En la conversión, el espíritu de una persona cobra vida por el Espíritu Santo. El alma viviente de una persona habitada por el Espíritu Santo es el milagro de la salvación.

El Espíritu Santo en la Iglesia

Una vez más, aunque limitado por el espacio, desearía destacar brevemente algunas evidencias bíblicas de la obra del Espíritu Santo en la vida de los creyentes.

Este mismo Espíritu Santo que llenó a Jesús, que le dio poder a su ministerio, y que lo levantó de entre los muertos, entrega el bautismo con el Espíritu Santo, que establece una conexión de poder con la dimensión espiritual (ver el libro *Guía esencial para el bautismo en el Espíritu Santo*, del autor). Es como dijo Juan a los que estaban reunidos en la orilla del Jordán:

> Respondió Juan, diciendo a todos: Yo a la verdad os bautizo en agua; pero viene uno más poderoso que yo, de quien no soy digno de desatar la correa de su calzado; él os bautizará en Espíritu Santo y fuego.

El Espíritu Santo también dio origen a la Iglesia el día de Pentecostés en cumplimiento de la profecía (ver Joel 2), tal como leemos en Hechos 2:1-4:

> Cuando llegó el día de Pentecostés, estaban todos unánimes juntos. Y de repente vino del cielo un estruendo como de un viento recio que soplaba, el cual llenó toda la casa donde estaban sentados; y se les aparecieron lenguas repartidas, como de fuego, asentándose sobre cada uno de ellos. Y fueron todos llenos del Espíritu Santo, y comenzaron a hablar en otras lenguas, según el Espíritu les daba que hablasen.

Y en Hechos 2:33:

> Así que, exaltado por la diestra de Dios, y habiendo recibido del Padre la promesa del Espíritu Santo, ha derramado esto que vosotros veis y oís.

El Espíritu Santo realizó milagros en la iglesia primitiva, invistiendo de poder a todo lo que hacían. El escritor de Hebreos fue claro al reconocer la fuente de ese poder:

> Testificando Dios juntamente con ellos, con señales y prodigios y diversos milagros y repartimientos del Espíritu Santo según su voluntad.
>
> —HEBREOS 2:4

El Espíritu Santo limpió la iglesia primitiva y trajo su fruto a sus vidas para santificarlos.

> Mas el fruto del Espíritu es amor, gozo, paz, paciencia, benignidad, bondad, fe, mansedumbre, templanza; contra tales cosas no hay ley. Pero los que son de Cristo han crucificado la carne con sus pasiones y deseos. Si vivimos por el Espíritu, andemos también por el Espíritu.
>
> —GÁLATAS 5:22-25

El Espíritu Santo dio poder a su testimonio y les dio gran valor para ganar a otros para la fe en Cristo. El Espíritu Santo trae una atmósfera transformadora de amor y gozo cuando es bienvenido.

> Y la esperanza no avergüenza; porque el amor de Dios ha sido derramado en nuestros corazones por el Espíritu Santo que nos fue dado.
>
> —ROMANOS 5:5

> Porque el reino de Dios no es comida ni bebida, sino justicia, paz y gozo en el Espíritu Santo.
>
> —ROMANOS 14:17

Si los creyentes lo buscan con diligencia, esta atmósfera produce unidad genuina entre ellos en la iglesia. En Efesios 4:3-6 se nos advierte:

Solícitos en guardar la unidad del Espíritu en el vínculo de la paz; un cuerpo, y un Espíritu, como fuisteis también llamados en una misma esperanza de vuestra vocación; un Señor, una fe, un bautismo, un Dios y Padre de todos, el cual es sobre todos, y por todos, y en todos.

Para finalizar, el Espíritu Santo equipa a los creyentes concediendo los dones del Espíritu. Esta fue la promesa que Jesús hizo a sus discípulos en su ascensión.

El Espíritu Santo debe ser adorado y venerado como Dios Padre y Dios Hijo en la tierra. ¡No debe ser temido o ignorado!

Grande es el Padre
Grande es el Hijo
Grande es el Espíritu Santo
Tres en Uno
Jehová es su nombre

—AUTOR DESCONOCIDO

A Dios el Padre celestial
al Hijo nuestro Redentor
al eternal Consolador
Unidos todos alabad.

—DOXOLOGÍA (DOMINIO PÚBLICO)

CAPÍTULO 2

La promesa de los dones del Espíritu

Antes de que nuestro Señor Jesucristo ascendiera al cielo, dejó un plan para el reino en el planeta tierra. Jesús dejó la Iglesia en la tierra.

Jesús estaba en Cesarea de Filipo cuando llegó el tiempo de tomar examen final a aquellos de quienes había sido mentor. Este es el registro del impactante momento:

> Viniendo Jesús a la región de Cesarea de Filipo, preguntó a sus discípulos, diciendo: ¿Quién dicen los hombres que es el Hijo del Hombre? Ellos dijeron: Unos, Juan el Bautista; otros, Elías; y otros, Jeremías, o alguno de los profetas. El les dijo: Y vosotros, ¿quién decís que soy yo? Respondiendo Simón Pedro, dijo: Tú eres el Cristo, el Hijo del Dios viviente. Entonces le respondió Jesús: Bienaventurado eres, Simón, hijo de Jonás, porque no te lo reveló carne ni sangre, sino mi Padre que está en los cielos. Y yo también te digo, que tú eres Pedro, y sobre esta roca edificaré mi iglesia; y las puertas del Hades no prevalecerán contra ella. Y a ti te daré las llaves del reino de los cielos; y todo lo que atares en la

tierra será atado en los cielos; y todo lo que desatares
en la tierra será desatado en los cielos.

—Mateo 16:13-19

Esta palabra *Cristo* es la palabra griega *Jristós*, la cual
es traducción del término hebreo *mashíakj*, de la que obte-
nemos la palabra *Mesías*, que significa, literalmente, una
persona consagrada o ungida. Pedro entendía que Él, Jesús,
era el Cristo, el Mesías; esta afirmación desató la poderosa
estrategia de Jesús de ir al mundo con las buenas nuevas.
Jesús edificaría una iglesia. La palabra española *iglesia* se
traduce del griego *ekklesía*, que significa "los llamados fuera
y llamados a reunirse". Jesús estaba formando un grupo
medular que entendiera quién era Él y lo que había venido a
hacer. A ese grupo le prometió poder para vencer al infierno
y las llaves del reino espiritual para cumplir su misión.

Los discípulos tropezarían por un tiempo cuando Jesús
fue arrestado, crucificado y enterrado. Después de su resurrección, redescubrirían la fe y la esperanza.

Poder en la Gran Comisión

Después de los primeros días de aparecer en la tierra tras su
resurrección, Jesús llevó a sus discípulos al monte de los Olivos.
Allí, frente a quinientos testigos, Jesús dio la gran comisión:

Y Jesús se acercó y les habló diciendo: Toda potestad
me es dada en el cielo y en la tierra. Por tanto, id, y
haced discípulos a todas las naciones, bautizándolos

en el nombre del Padre, y del Hijo, y del Espíritu Santo; enseñándoles que guarden todas las cosas que os he mandado; y he aquí yo estoy con vosotros todos los días, hasta el fin del mundo. Amén.

—MATEO 28:18-20

¡Jesús le dejó a su Iglesia la comisión de ir a todo el mundo con su mensaje transformador! ¡Dejó esta enorme tarea en manos de 11 discípulos y otros 109 que formaban un grupo de 120!

Aquí hay una Iglesia con una comisión, pero no recursos visibles. No había riquezas, ni edificio, ni favor del gobierno, ni apoyo religioso. ¡Más bien había hostilidad y amenazas!

Sin embargo, Jesús no los dejó con las manos totalmente vacías. Les dejó otro bien; una promesa. Esa promesa fue revelada en las Escrituras del Antiguo Testamento, en el libro del profeta Joel. Llegaría un día en que el Espíritu Santo, la tercera persona de la Trinidad, sería derramado en la tierra con gran poder.

Y después de esto derramaré mi Espíritu sobre toda carne, y profetizarán vuestros hijos y vuestras hijas; vuestros ancianos soñarán sueños, y vuestros jóvenes verán visiones. Y también sobre los siervos y sobre las siervas derramaré mi Espíritu en aquellos días. Y daré prodigios en el cielo y en la tierra, sangre, y fuego, y columnas de humo. El sol se convertirá en tinieblas, y la luna en sangre, antes que venga el día

grande y espantoso de Jehová. Y todo aquel que invo-
care el nombre de Jehová será salvo; porque en el
monte de Sion y en Jerusalén habrá salvación, como
ha dicho Jehová, y entre el remanente al cual él habrá
llamado.

—Joel 2:28-32

Esta época estratégica tendría como resultado un derramamiento de Dios que llegaría a toda la gente sin importar
edad, origen, raza, o género. Este derramamiento tendría
como resultado sueños, visiones, y maravillas. Una era de
milagros y maravillas en la que muchos invocarían al Señor
para ser salvos estaba viniendo. Jesús había dado indicios de
esta promesa durante sus tres años de ministerio, ¡pero ese
día cada profecía estaba ya despuntando!

Agua viva

En una jugada que hoy sería completamente ridiculizada
por incontables pastores y consejeros, Jesús ordenó a sus discípulos que fueran a buscar comida para poder quedarse a
solas junto al pozo con una mujer de fibra moral menos que
limpia. Sin embargo, este encuentro era vital para la recuperación, liberación y salvación de esta preciosa mujer. Fue
en este discurso que Jesús presentó el concepto de la impor-
tancia del Espíritu Santo a los parientes distanciados de los
judíos, los samaritanos. El encuentro de Jesús con la mujer
descarriada en el pozo tenía que ver con la promesa del

Espíritu Santo. A esta mujer caída se le declaró un nuevo comienzo y un nuevo poder interior para una vida mejor:

> Respondió Jesús y le dijo: Cualquiera que bebiere de esta agua, volverá a tener sed; mas el que bebiere del agua que yo le daré, no tendrá sed jamás; sino que el agua que yo le daré será en él una fuente de agua que salte para vida eterna.
>
> —Juan 4:13-14

¿Cuál era la "fuente" que Jesús prometió? Más adelante en la fiesta de los tabernáculos, Jesús dio otro indicio acerca de esta promesa:

> En el último y gran día de la fiesta, Jesús se puso en pie y alzó la voz, diciendo: Si alguno tiene sed, venga a mí y beba. El que cree en mí, como dice la Escritura, de su interior correrán ríos de agua viva. Esto dijo del Espíritu que habían de recibir los que creyesen en él; pues aún no había venido el Espíritu Santo, porque Jesús no había sido aún glorificado.
>
> —Juan 7:37-39

Aquí promete "ríos de agua viva". ¡El amado apóstol Juan explica que esta promesa es el Espíritu Santo tal como se profetizó en Joel! ¿Podrían los "ríos" significar diferentes dones o capacidades que fluyen hacia un mundo necesitado?

Investidura de poder

En la Gran Comisión, los comisionados son los que tienen mayor necesidad. Después de todo, salen como "ovejas en medio de lobos". Ciertamente, los discípulos experimentaron cierto nivel de protección mientras Jesús estuvo aquí con ellos en la tierra, pero ¿qué harían una vez que Él ya no estuviera con ellos físicamente? A medida que avanzaba hacia el final de su travesía terrenal, Jesús habló del "Consolador".

> Y yo rogaré al Padre, y os dará otro Consolador, para que esté con vosotros para siempre: el Espíritu de verdad, al cual el mundo no puede recibir, porque no le ve, ni le conoce; pero vosotros le conocéis, porque mora con vosotros, y estará en vosotros. No os dejaré huérfanos; vendré a vosotros.
>
> —Juan 14:16-18

Observe la belleza de la promesa de Jesús de no dejar "huérfanos" a sus seguidores. El invisible Dios al que el mundo no puede ver vendría para "morar" con la iglesia para siempre.

Juan 14:26 promete que "el Consolador" daría enseñanza y revelación a la joven iglesia. ¡Juan 15:26 prometió que "el Consolador" investiría de poder al testimonio que la iglesia daría del Padre y del Hijo! En Juan 16:7-8 Jesús prometió que "el Consolador" traería la presencia de Dios que mora, convence de pecado e inviste de poder para la misión de la iglesia.

En Juan 14:12-14 Jesús promete una era que superará

todos los milagros que Él hizo en la tierra. La promesa de una era de "obras mayores" es clara.

> De cierto, de cierto os digo: El que en mí cree, las obras que yo hago, él las hará también; y aun mayores hará, porque yo voy al Padre. Y todo lo que pidiereis al Padre en mi nombre, lo haré, para que el Padre sea glorificado en el Hijo. Si algo pidiereis en mi nombre, yo lo haré.

¡Imagine eso! El Cordero de Dios, que obró milagros mayores de los que el mundo jamás había visto—y entendemos que fue Él quien creó todas las cosas—prometió que nosotros, su Iglesia, seríamos autorizados y capacitados para hacer obras mayores de las que se le vieron hacer a Él. Debería ser claro que esta obra del Espíritu Santo de investir de poder es sumamente necesaria en la vida de *todo* creyente.

Cumplir la promesa

No hay nada que yo no fuera a hacer por mis hijos. Los amé poco a veces, pero Dios en su gran bondad me ha ayudado a reparar y restaurar esas relaciones. Incluso ahora a mi avanzada edad, a veces los sigo viendo como bebés en mis brazos. Con todo, por mucho que los ame y por mucho que esté dispuesto a hacer por ellos, cuando lo comparo con el amor de Dios por sus hijos, mi amor es como odio. Jesús explicó esta dinámica en el evangelio de Lucas:

> ¿Qué padre de vosotros, si su hijo le pide pan, le dará una piedra? ¿o si pescado, en lugar de pescado, le dará

una serpiente? ¿O si le pide un huevo, le dará un escorpión? Pues si vosotros, siendo malos, sabéis dar buenas dádivas a vuestros hijos, ¿cuánto más vuestro Padre celestial dará el Espíritu Santo a los que se lo pidan?

—LUCAS 11:11-13

El evangelio de Lucas promete el Espíritu Santo como un don del Padre. Es Lucas quien registra la clara promesa a los discípulos. Primero en Lucas 24:49:

He aquí, yo enviaré la promesa de mi Padre sobre vosotros; pero quedaos vosotros en la ciudad de Jerusalén, hasta que seáis investidos de poder desde lo alto.

Y también en Hechos 1:4-5:

Y estando juntos, les mandó que no se fueran de Jerusalén, sino que esperasen la promesa del Padre, la cual, les dijo, oísteis de mí. Porque Juan ciertamente bautizó con agua, mas vosotros seréis bautizados con el Espíritu Santo dentro de no muchos días.

La promesa de Jesús al ascender fue el don del Espíritu Santo y su poder sin medida. Diez días después en el aposento alto en el monte de Sion, el Espíritu Santo fue derramado durante la fiesta de Pentecostés. En ese lugar, el monte de Sion—donde David instituyó y derramó treinta y tres años de adoración ininterrumpida en el tabernáculo, donde la gloria *shekina* había habitado el templo, donde

Jesús había partido el pan y dado la copa de vino para establecer el Nuevo Pacto con la iglesia, y el lugar donde se hizo el pacto de sangre—Jesús dio a luz a la iglesia primitiva en el poder del Espíritu Santo.

En esa experiencia hay unos primeros destellos de dones espirituales tales como lenguas, señales milagrosas, y dones de expresión y ciencia. ¡Este poderoso suceso llevó a la iglesia de tener 120 a 3 120 miembros en menos de una hora! La recién nacida iglesia tuvo su comienzo con el don y los dones del Espíritu Santo.

El Salmo 68:18 profetizó que en el momento de su ascensión, Jesús recibiría dones para ser usados entre los hombres. Pablo cita este salmo en Efesios 4:7-12. Cuando nuestro Señor ascendió a los cielos y presentó la sangre en el altar de gloria, ¡recibió del Padre el don *y los dones* del Espíritu para la iglesia! Jesús derramó el Espíritu Santo en su nuevo cuerpo, la Iglesia, sin límite ni medida. Mire estos versículos del Salmo 68:

> Subiste a lo alto, cautivaste la cautividad, tomaste dones para los hombres, y también para los rebeldes, para que habite entre ellos JAH Dios. Bendito el Señor; cada día nos colma de beneficios el Dios de nuestra salvación.
>
> —Salmo 68:18-19

Observe que en el versículo 19, Él prometió que "cada día nos colma de beneficios". Esta es una profecía de la concesión de los dones del Espíritu. Algo interesante de notar es que la palabra *beneficios* no está en el hebreo. El texto simplemente dice que Dios "cada día nos colma..." Los dones son su dotación diaria para la iglesia.

¿Qué ha sido de la iglesia dotada de dones?

Puesto que Jesús comisionó a la Iglesia y envió la capacitación, ¿por qué razón la Iglesia no ha cumplido su comisión?

La razón, según creo, es que la Iglesia opera con tan poco poder y tanta carnalidad en ausencia de la verdadera operación de los dones del Espíritu. Algunos dicen que estos dones han cesado. Dicen que ya no son necesarios o válidos. Creen que la Iglesia puede operar según su intelecto, ingeniosidad, estrategia de mercadeo y compromiso tibio. Si la Iglesia ha de experimentar una renovación verdadera, esto debe cambiar. La vida de la Iglesia necesita la transformación de los dones y el poder pentecostal.

> Arrepentíos, y bautícese cada uno de vosotros en el nombre de Jesucristo para perdón de los pecados; y recibiréis el don del Espíritu Santo. Porque para vosotros es la promesa, y para vuestros hijos, y para todos los que están lejos; para cuantos el Señor nuestro Dios llamare.
>
> —Hechos 2:38-39

¡Este versículo declara que el Espíritu Santo prometido y sus dones son para toda la Iglesia para todos los tiempos! Este libro será un esfuerzo por recuperar "la promesa".

CAPÍTULO 3

La disponibilidad de los dones del Espíritu en la actualidad

¿**P**UEDE SER BÍBLICA una teología que incluye ciertos *jarísmata* o "dones"? Además, ¿pueden incluirse dichas prácticas en la familia de iglesias? Creo que la respuesta a la primera cuestión es un rotundo sí. También espero que pueda haber una respuesta positiva a la segunda declaración. Entonces, surge la pregunta: ¿Hay lugar en la mesa evangélica para aquellos de nosotros que practicamos eso a lo que comúnmente nos referimos como los dones carismáticos, fundamentalmente el de hablar en lenguas?

Los evangélicos no nacieron en las altas esferas del ámbito académico, sino de los contextos del disenso eclesiástico y del entusiasmo avivamientista. Las raíces de los evangélicos se establecieron en el Gran Despertar con toda su pasión espiritual. Solo en generaciones recientes los evangélicos hemos buscado sacudirnos del cabello el tamo de la enramada y aceptar el escolasticismo que se inclina en el altar de la mente humana bien más que ante el soberano Espíritu de Dios.

Los resultados han sido desastrosos. Nos hemos

desviado del énfasis en la inerrancia de las Escrituras. Muchos cristianos sinceros que profesan la fe y el mensaje bautista y adhieren a la continuación de ciertos dones espirituales han sido marginados por el liderazgo de sus respectivas denominaciones.

Desafortunadamente, nuestro enfoque ha sido intentar confrontar a un mundo pagano con una apreciación meramente intelectual de las Escrituras. La idea de que uno pueda enfrentarse a la pasión militante de los terroristas islámicos solo con un argumento convincente es un poco ingenua. Como dijo el gran apóstol Pablo:

> Así que, hermanos, cuando fui a vosotros para anunciaros el testimonio de Dios, no fui con excelencia de palabras o de sabiduría. Pues me propuse no saber entre vosotros cosa alguna sino a Jesucristo, y a éste crucificado. Y estuve entre vosotros con debilidad, y mucho temor y temblor; y ni mi palabra ni mi predicación fue con palabras persuasivas de humana sabiduría, sino con demostración del Espíritu y de poder, para que vuestra fe no esté fundada en la sabiduría de los hombres, sino en el poder de Dios.
>
> —1 Corintios 2:1-5

Para el fin que perseguimos, no solamente la doctrina del Espíritu Santo, sino su presencia y poder anulan toda idea de ganar una discusión. Estamos enviando al frente a una generación que no sabe echar fuera demonios y, como los hijos de Esceva (Hechos 19:13-16), ellos están siendo echados fuera del ministerio.

Dios, mediante los dones del Espíritu, nos permite experimentar el poder del mundo venidero. En la actual operación de los dones, se abre una brecha desde la dimensión del trono de Dios hacia este mundo presente. ¡La realidad de la presencia y el poder del Espíritu no es sino una entrega inicial de la gloria de ese mundo venidero donde no habrá muerte! El reino de Dios, mientras viene, está ya presente en su pueblo por medio de su Espíritu Santo. En la conversión, el reino irrumpe para producir un nacimiento espiritual. El don del precioso Espíritu Santo derrama dones en su cuerpo—la Iglesia—para demostrar que el reino ha irrumpido en el mundo presente.

Esto ratifica la actual disponibilidad y operación de los dones carismáticos. Incluso sostengo que los evangélicos no deben temer a quienes aceptan los dones, sino que deberían recibirlos con los brazos abiertos. Al hacer esto, los evangélicos dan la bienvenida a la tercera persona de la Trinidad, el Espíritu Santo.

Sustento bíblico para la continuación de los dones carismáticos

Quienes creen que los dones han cesado virtualmente no tienen apoyo textual para su posición. Lo que unos pocos textos cesacionistas logran citar se convierte en víctima de la eiségesis más bien que en exégesis. Un argumento supone

35

que los dones carismáticos fueron dados para respaldar a los apóstoles y cesaron cuando el último de ellos murió. Hablando del argumento a favor del cesacionismo, Siegfried Schatzmann comenta con exactitud:

> El primer argumento generalmente no se presenta sobre la base de una exégesis minuciosa, sino que recibe sus ímpetus de bases históricas y presuposiciones.[1]

Un segundo argumento es que los dones cesaron cuando el canon bíblico fue finalmente acordado. Para apoyar esto, se cita 1 Corintios 13:8-10:

> El amor nunca deja de ser; pero las profecías se acabarán, y cesarán las lenguas, y la ciencia acabará. Porque en parte conocemos, y en parte profetizamos; mas cuando venga lo perfecto, entonces lo que es en parte se acabará.

Las Escrituras enseñan que los dones espirituales, los *jarísmata*, son temporales. Cesarán con la venida de "lo perfecto". "Lo perfecto" según este argumento, es la consumación de las Escrituras. Pero en el *International Critical Commentary* (Comentario crítico internacional), Archibald Robertson y Alfred Plummer declaran que "lo perfecto" es una referencia a la segunda venida:

> No dice cuando hayamos alcanzado la perfección del otro mundo, etc.... Está tan lleno de la promesa de

la segunda venida, que representa la perfección que
viene a nosotros. Cuando haya venido entonces y
solo hasta entonces. El apóstol no está diciendo nada
de la cesación de los carismata en esta vida.[2]

Cuando observamos la revelación bíblica referente a los
dones carismáticos, es coherente que estos dones de gracia
son para la Iglesia hasta la segunda venida de Cristo. Primera Corintios 1:4-9 dice:

> Gracias doy a mi Dios siempre por vosotros, por
> la gracia de Dios que os fue dada en Cristo Jesús;
> porque en todas las cosas fuisteis enriquecidos en él,
> en toda palabra y en toda ciencia; así como el testi-
> monio acerca de Cristo ha sido confirmado en voso-
> tros, de tal manera que nada os falta en ningún don,
> esperando la manifestación de nuestro Señor Jesu-
> cristo; el cual también os confirmará hasta el fin,
> para que seáis irreprensibles en el día de nuestro
> Señor Jesucristo. Fiel es Dios, por el cual fuisteis lla-
> mados a la comunión con su Hijo Jesucristo nuestro
> Señor.

Pablo consideraba que los dones carismáticos enrique-
cían a la Iglesia. El versículo más contundente es el 7. Pablo
dice:

> de tal manera que nada os falta en ningún don, espe-
> rando la manifestación de nuestro Señor Jesucristo;

Resulta claro que el apóstol creía que los dones carismáticos operarían en la segunda venida de Jesucristo. Además, la ausencia de estas gracias espirituales deja a la Iglesia empobrecida. Muchos cristianos niegan que los dones carismáticos descritos en el Nuevo Testamento sean válidos hoy. La lista de Romanos 12:6-8 parece ser aceptable. También, hay que señalar que Pablo quería traer un derramamiento de nuevos dones espirituales a Roma. Romanos 1:11 afirma:

> Porque deseo veros, para comunicaros algún don espiritual, a fin de que seáis confirmados.

Aquí Pablo promete impartir *járisma pneumatikós*. La combinación de estas dos palabras nos remite a 1 Corintios, cuando Pablo las usó de manera intercambiable en 1 Corintios 12-14 en su discusión de los *jarísmata*.

Prácticamente no existe sustento bíblico a favor del cesacionismo. Para un examen minucioso de todos los textos y argumentos, vea *On the Cessation of the Charismata* (Acerca de la cesación de los *jarísmata*) de Jon Mark Ruthven y *A Pauline Theology of the Charismata* (Una teología paulina de los *jarismata*) de Siegfried Schatzmann. Asimismo, los escritos de Wayne Grudem, Jack Deere, Michael Brown, y Wesley Campbell desacreditan el cesacionismo como modelo bíblico. Incluso Ken Hemphill admite en su libro *Mirror, Mirror on the Wall* (Espejo, espejo en la pared) que todos los dones siguen operando. [3]

Elefantes y gorilas de ochocientas libras[a]

Los oponentes se refieren a los *jarísmata* y a los dones espirituales en general con tono desdeñoso; pero el problema obvio que nadie quiere mencionar—el elefante en el salón—es el don de lenguas. Aquí está la cuestión fundamental. Las lenguas en el Nuevo Testamento se usaban para hablar milagrosamente lenguas conocidas,[4] para magnificar a Dios, como signo de la presencia del Espíritu Santo, como una palabra profética entregada en un lenguaje para ser interpretado, y como una lengua de oración. Aunque la iglesia primitiva lo practicó en forma generalizada, se hizo abuso y mal uso. Pablo buscó corregir abusos sin apagar la obra del Espíritu. Hoy en día, la extensión del abuso sigue trayendo descrédito a este don. Con excepción de la rara lengua profética que debe ser interpretada, Pablo puso énfasis en el uso superior de las lenguas como un lenguaje privado de oración.

> El que habla en lengua extraña, a sí mismo se edifica;
> pero el que profetiza, edifica a la iglesia.
> —1 Corintios 14:4

En este uso del *járisma*, el Espíritu Santo se convierte en un entrenador personal que fortalece la fe del creyente individual. Sería insensato que un jugador de fútbol llevara a su entrenador personal de la sala de pesas al campo de juego con él. En efecto, esto violaría las reglas del juego. Del mismo modo, la lengua de oración es para el entrenamiento espiritual privado del creyente individual. Con respecto al don de lenguas, debemos recordar que aunque Pablo lo reguló, advirtió a la iglesia primitiva en 1 Corintios 14:39: "No impidáis el hablar lenguas".[5]

Raíces históricas del cesacionismo

En la historia cristiana, el primer verdadero cesacionista que encontramos es Martín Lutero. Como reacción a los falsos milagros del clero católico romano y en protesta ante su venta de indulgencias, Lutero rechazó lo sobrenatural. John Mark Ruthven dice de Lutero:

> Un ejemplo que sienta precedentes de cesacionismo es Martín Lutero, que vio el énfasis carismático del evangelio y los Hechos y en gran parte los ignoró, omitiendo partes, y respondió manipulando el Nuevo Testamento para conformarlo al énfasis de su teología y negar la autoridad del Nuevo Testamento a sus oponentes. Específicamente, dentro de este contexto de polémica anticarismática, contra el papado tanto como contra la reforma radical, Lutero desarrolló su concepto de un canon dentro del canon, que la doctrina y énfasis de un grupo de libros estaban subordinados a otro grupo. Según su Prefacio del Nuevo Testamento de 1522, su único criterio para seleccionar "el corazón y la esencia de

todos los libros" es que estos no describan muchas obras y milagros de Cristo. [6]

Me temo que como evangélicos muchas veces no somos conscientes de nuestras raíces más entusiastas. De alguna forma queremos ser aceptados por el *establishment* y la *intelligentsia* religiosos. No queremos hablar de nuestro pasado. En realidad, ahora queremos ser el *establishment* religioso. Por cierto no queremos que nos recuerden nuestra emotividad y fervor por avivamiento.

De algún modo hemos aceptado una reescritura de la historia de nuestras raíces espirituales. Algunos prefieren vincularnos con los reformadores magisteriales más que con los celosos y perseguidos anabautistas. Algunos tienden a menospreciar lo que llamamos los elementos marginales del cristianismo, sin recordar que nuestras raíces se hallan dentro del contexto del desacuerdo con las iglesias establecidas por el estado. No obstante, cuando consideramos las obras del Espíritu Santo, es importante observar cómo los cristianos han entendido y practicado los dones espirituales a través de los tiempos.

Al mirar hacia atrás en la historia, podemos ver de dónde vinimos. Si observamos su práctica de la verdad bíblica, quizás aprendamos adónde deberíamos estar yendo.

Si uno recurre a los comentarios estándares impresos antes del siglo veinte, es difícil hallar una expresión clara de la visión cesacionista. Sin embargo, se podrá ver que los dones sobrenaturales y las demostraciones milagrosas del poder de Dios menguaron durante la Edad Media. Tampoco se aceptó la doctrina básica de la justificación por fe, y mucho menos los dones, señales y maravillas traídos por la unción del Espíritu Santo, excepto entre algunos de los elementos periféricos del cristianismo. Con la así llamada conversión de Constantino, la Iglesia se convirtió en cliente del estado y perdió su vitalidad. Descendiendo a una oscura noche de ritualismo y profesionalismo clerical, la Iglesia perdió su alma. Durante la Edad Media, un predicador y erudito itinerante visitó el Vaticano. Después de recorrerlo, el sacerdote que lo guiaba dijo: "La iglesia ya no tiene que decir: '¡No tengo plata ni oro!'" El visitante replicó: "Ni tampoco puede decir: '¡En el nombre de Jesucristo, levántate y anda!'" La pérdida de poder durante la Edad Media fue tan trágica como la pérdida de la verdad.

Sin embargo, la Reforma trajo una recuperación de la verdad. La visión reformista de *sola fide* ("por la fe sola") y de *sola scriptura* ("sola Escritura") abrieron la puerta a una recuperación de la verdad y del poder espiritual. Juan Calvino y Martín Lutero guiaron la lucha del regreso de la Iglesia a las doctrinas salvadoras de la fe.

Aun durante los tiempos oscuros, algunos grupos disidentes intentaron mantener el cristianismo del Nuevo Testamento. La iglesia de Roma frecuentemente consideró a esos grupos como herejes. Los bautistas encuentran sus raíces entre esos grupos marginales. Las raíces bautistas se remontan más allá de la Reforma y hallan su identidad con los marginados.

Algunos de los historiadores bautistas más prominentes del pasado, incluyendo a Henry Vedder, generalmente concuerdan en que la gente que ahora llamamos bautista ha sido conocida con distintos nombres en diferentes tiempos y países. Vedder explica cómo el nombre bautista era un título despreciable que derivaba del nombre dado a nuestros ancestros: los anabautistas, o "rebautizadores". Los adversarios les dieron este nombre porque insistían en el bautismo por inmersión y se negaban a mantener la práctica del bautismo infantil o por aspersión.[7] Otros historiadores bautistas tienden a desacreditar esta visión de la historia bautista porque algunos de los líderes de esos movimientos marginales se volvieron herejes. Sin embargo, Vedder admite que podría existir la posibilidad de una conexión: "Uno no puede afirmar que no haya habido continuidad en la vida exterior visible de las iglesias fundadas por los apóstoles hasta llegar a la Reforma En efecto se puede rastrear una sucesión de la fe verdadera, a veces en líneas delgadas, pero nunca desaparecieron por completo".[8]

En el libro *A History of the Baptists* (Una historia de los bautistas) de Thomas Armitage, el título de la página muestra la siguiente introducción:

> Una historia de los bautistas rastreada según sus principios vitales desde el tiempo de nuestro Señor y Salvador Jesucristo hasta el año 1886.[9]

Otros distinguidos líderes de las últimas centurias, tales como William Williams, que alguna vez fue profesor de historia de la iglesia en el Southern Baptist Theological Seminary (Seminario Teológico Bautista del Sur), y George Gould de Inglaterra, autor de una serie de manuales bautistas, declararon que la vida bautista tuvo sus orígenes en el Nuevo Testamento.

Zwinglio, el reformador suizo, declaró firmemente en su "Réplica a Wall" que los anabautistas no eran una novedad, pues afirmó que durante 1 300 años ellos habían estado causando grandes disturbios en la iglesia. Hizo esta afirmación en 1530, mostrando que consideraba que el movimiento databa de 230 d.C.

Zwinglio también sostenía que los bautistas eran parte del movimiento valdense. Peter Waldo fue un francés nacido en 1150 que tenía hambre de la Palabra de Dios. Él contrató a alguien para que tradujera partes de la Biblia latina a la lengua vernácula de aquellos días, y cuando la verdad de Dios irrumpió en su espíritu, tuvo un intenso deseo de compartirla con todos. Comenzó a predicar en el campo, y la gente definitivamente estaba ansiosa por oír la Palabra de Dios en su idioma. En poco tiempo, cantidad de predicadores laicos se unieron a él y también extendieron el evangelio en la tierra, produciendo la desaprobación de la iglesia romana.

Algo más que la violación de la autoridad molestó a la Iglesia Católica Romana. Waldo y sus convertidos creían en la salvación por gracia por medio de la fe en Cristo, sin los decretos de la iglesia. También creían que el bautismo era para los adultos que hacían una confesión de fe, y desalentaban el bautismo infantil. Creían que no existía una cosa tal como el purgatorio. Si miramos hacia atrás a lo largo de la historia, vemos que la presencia de anabautistas posteriores estaba más extendida en el área donde los predicadores de los valdenses habían ministrado solo uno o dos siglos antes.[10] La iglesia Católica llamó herejes a estos antepasados bautistas. Miles de ellos fueron torturados y asesinados.

A través de los años, algunos han afirmado que los bautistas son parte de una cadena ininterrumpida de iglesias llamadas con varios nombres que han sido las genuinas practicantes de la fe del Nuevo Testamento. Por su propio deseo de ser iglesias del Nuevo Testamento, leales a la fe bíblica, nuestros antepasados fueron desterrados, torturados, ahogados, hostigados y ridiculizados; todo por creer que las prácticas del Nuevo Testamento seguían teniendo validez en su tiempo. La siguiente es una breve descripción de algunos de estos grupos.

Montanismo

Hacia mediados del siglo segundo, el montanismo surgió y floreció en la mayor parte del Asia Menor. Aunque algunos lo llamaban herejía, en su libro *Baptist Church Perpetuity* (Perpetuidad de la iglesia bautista) publicado en 1904, W. A. Jarrell declaró que los montanistas eran antepasados de los bautistas, rastreando entonces los orígenes bautistas hasta alrededor del 150 d.C. Jarrell sostenía: "El montanismo enroló a sus huestes y fue una de las mayores influencias cristianas a través de los primeros siglos de la era cristiana."[11] Además declaró: "Como en ese tiempo, cuando surgió el montanismo, no había una desviación fundamental de la fe... las cuestiones de bautismo, gobierno de la iglesia, o doctrina, en estos puntos los montanistas eran bautistas".[12] Aunque Montano fue acusado de afirmar ser el Consolador, él simplemente creía que un hombre podía ser lleno de y guiado por el Espíritu Santo.

Tertuliano, quizás el más grande predicador del siglo tercero, aceptó las doctrinas de Montano, y su extraordinario ministerio mostró evidencias del poder de Dios. Tertuliano refutó la mayor parte de los ataques contra Montano, exponiendo dichos ataques como mentiras. Los montanistas eran milenaristas, y creían literalmente en el Tiempo Final, el reinado de mil años de Cristo en la tierra, aferrándose a una interpretación literal de las Escrituras. Tenían maestras entre ellos, y es posible que algunos hayan practicado la inmersión trina. Tertuliano creía que el Espíritu Santo era el restaurador del modelo apostólico.[13] William Moeller, un notable historiador de la Iglesia, comentó sobre Tertuliano:

> Para él la sustancia misma de la iglesia era el Espíritu Santo, no el episcopado [gobierno de los obispos]... Así, en cuanto al gobierno de la iglesia eran bautistas".[14]

Neander, otro historiador del siglo diecinueve, escribió: "El montanismo estableció una iglesia del Espíritu...como el protestantismo, [el montanismo] pone al Espíritu Santo en primer lugar, y considera a la iglesia como su único derivado...Los dones del Espíritu serían repartidos entre los cristianos de cualquier condición y sexo sin distinción...para dar prominencia una vez más a la idea de la dignidad del llamamiento cristiano universal, de la dignidad sacerdotal de todos los cristianos".[15]

Los montanistas experimentaban una adoración extática, visiones, profecías y el ejercicio de todos los dones del Espíritu. Un joven convertido de Montano describió este éxtasis diciendo: "En las alas de una paloma fui transportado arriba". Jarrell citó a Thomas Armitage, quien explica un factor clave que conecta a los bautistas con las creencias montanistas:

> La idea principal que los montanistas tenían en común con los bautistas, y a diferencia de las iglesias del siglo tercero, era que la membresía de las iglesias debía limitarse a la persona puramente regenerada; y que debía llevarse una vida espiritual y disciplinada sin ninguna afiliación a la autoridad del Estado. La organización exterior de la iglesia y la eficacia de las ordenanzas no coincidían con su idea de la existencia de una iglesia del Evangelio sin que morara el Espíritu de Cristo, no solo en los sacerdotes, sino en todos los cristianos. Por esta razón, Montano fue

acusado de pretender ser el Espíritu Santo, lo cual era simplemente una calumnia.[16]

William Williams en sus Lectures on Baptist History (Conferencias sobre la historia bautista) dijo de los montanistas:

> Es difícil hallar algún error doctrinal en sus puntos de vista; que eran bastante parecidos a los metodistas y a los jansenistas en su alta opinión de la emoción y experiencia religiosas. Fueron acusados de afirmar estar inspirados cuando lo que intentaban era la experiencia verdadera de la obra de Dios en el alma individual Insistían mucho en el poder del Espíritu como el gran conservador y guardián de la vida de la iglesia cristiana.[17]

El montanismo fue una reacción de gente llena del Espíritu contra una estructura eclesiástica que se movía en el poder carnal y la manipulación humana antes que por el poder del Espíritu Santo.

Jarrell concluyó la argumentación de su libro, expresando su creencia en que los montanistas eran claramente la iglesia "apostólica" original. Citando a Möller, Jarrell buscaba demostrar que los montanistas eran la iglesia primitiva:

> "Pero el montanismo fue, no obstante, no una nueva forma de cristianismo, ni tampoco una nueva secta. Por el contrario, el montanismo fue simplemente una

reacción de lo antiguo, la iglesia primitiva, contra la tendencia obvia de aquellos días de hacer concesiones con el mundo y arrellanarse confortablemente en él".[18]

Los montanistas refutaron la idea de que los milagros y dones cesaron en la primera centuria. Parece extraño que la mayoría de los historiadores bautistas anteriores al presente siglo reconozcan a los montanistas como una parte de la herencia de los bautistas y otros evangélicos, mientras que los historiadores actuales tienden a negar esa conexión. ¿Podrá ser que estos últimos historiadores estén viendo tanto las Escrituras como la historia a través de las lentes de la rutina y la tradición firmemente establecidas? Al negar la sobrenatural obra de Dios en el presente mediante algunos dones espirituales y poderosas manifestaciones del Espíritu, algunos bautistas se resisten a ser identificados con los fogosos héroes del pasado. Al parecer, muchos líderes bautistas están más cómodos con los reformadores que en realidad persiguieron a nuestros antepasados bautistas.

Anabautistas

Balthaser Hübmaier fue uno de los que sufrieron por su fe. Nacido en Bavaria en 1482, creció hasta convertirse en un sabio y respetado erudito. Eligió dedicar toda su vida a la teología, y al completar sus estudios básicos, se convirtió en el vicerrector de Ingolstadt y luego pastoreó una catedral. Se lo conoció por su vida pura y santa, y le esperaba una brillante carrera. Sin embargo, la carrera resultó ser menos atractiva para él cuando se dio cuenta de que la verdad no estaba siendo mantenida en muchos de sus círculos religiosos. En 1522, probó suerte con los reformadores, particularmente con Zwinglio, sintiendo que realmente buscaban la verdad de Dios. Uno de los puntos de conflicto en esa época fue la doctrina del bautismo infantil, y aunque algunos de los reformadores al principio estuvieron de acuerdo en que debía abolirse, cuando Hübmaier actuó en consecuencia en su iglesia austríaca, los otros reformadores—incluyendo a Zwinglio—se alejaron de él.

Recibió una citación a comparecer y responder por sus osadas acciones, pero la ignoró y poco después publicó una obra titulada *Heretics and Those Who Burn Them* (Herejes y quienes los queman). Siguió dando pasos osados, tales como abolir la práctica de la misa en la iglesia y hacer a un lado la vestimenta sacerdotal. Alentó a su rebaño a conocer las Escrituras en su propio idioma, a practicar el bautismo en agua a la manera bíblica, y a conocer el poder del Espíritu Santo en sus vidas.

Intentó huir a Zurich, pero fue capturado y encarcelado. En 1528, después de ser juzgado por herejía por la Iglesia Católica, fue quemado en la hoguera en la plaza pública. Su fiel esposa, que lo apoyó y exhortó a proclamar la verdad de la Biblia, fue ahogada inmediatamente después, otra mártir para Cristo.[19]

¿Podrá ser que los bautistas y otros evangélicos que creen en los dones y en las manifestaciones del Espíritu Santo sean más fieles a las Escrituras en sus creencias que algunos de los que están más cómodos con la formalidad de la Reforma? Aunque no puede decirse que Hübmaier fuera pentecostal, las tendencias del liderazgo de la Reforma a la exclusión de quienes aceptan todas las Escrituras establecen un patrón que hoy en día los bautistas parecen seguir. Las denominaciones pentecostales tienen menos de cien años de edad, y surgieron de las denominaciones principales incluyendo a los bautistas del Sur, según el Dr. Steven Jack Land, presidente del Pentecostal Theological Seminary (Seminario Teológico Pentecostal) de Cleveland, Tennessee. Algunos de los fundadores del COG eran ex bautistas.

Ni el tiempo ni el espacio permiten un estudio minucioso de otros grupos de la historia de la iglesia, tales como los novacianos, donatistas, paulicianos, albigenses, patarenses, petrobrusianos, y arnoldistas. Estos son tan solo unos pocos de los grupos que creían en el poder del Nuevo Testamento en la vida de la iglesia.[20]

Nuestros antepasados anabautistas fueron difamados por muchas razones. Primero, se basaban solamente en las Escrituras como estándar de fe y práctica. Segundo, practicaban el bautismo por inmersión. Tercero, algunos creían en los misterios de una unión personal con Cristo, sueños, visiones y dones sobrenaturales. Por último, apoyaban la total separación de la iglesia del estado. Resulta inútil buscar una visión cesacionista de los dones espirituales carismáticos en la historia bautista. De acuerdo, se puede hallar entre algunos puritanos bautistas la admisión de que los dones habían menguado. La muerte y frialdad espiritual de sus iglesias, sin embargo, podrían explicar esto de manera simple.

Bautistas de ardor y de orden

Las iglesias deberían encontrar sus raíces en lo profundo de la enseñanza apostólica del Nuevo Testamento y no en algún sistema hecho por el hombre. Incluso en la historia norteamericana, existen registros de que bautistas o gente de principios similares fueron perseguidos. Roger Williams fue excomulgado por la Iglesia de Inglaterra en 1636 y para salvar su vida huyó a través de las terribles nevadas de Nueva Inglaterra. Él estableció lo que muchos consideran que fue la Primera Iglesia Bautista de los Estados Unidos, en Providence, Rhode Island. En los Estados Unidos, los bautistas fueron golpeados, desterrados, asesinados y encarcelados por buscar establecer iglesias libres. No obstante, los bautistas de Nueva Inglaterra y Virginia ayudaron a asegurar la libertad religiosa para Estados Unidos. En efecto, los europeos denunciaron que la Declaración de la Independencia era "un documento anabautista".[21] Los bautistas tienen una larga historia de persecución o crítica por convicciones que consideraban bíblicas, por parte de la mayoría que los menospreciaba, ya sea en asuntos concernientes al bautismo, a la libertad religiosa o al avivacionismo emocional. Hoy en día la cuestión parece ser el hablar en lenguas.

Al observar las prácticas de los bautistas en la adoración y el avivamiento a través de los años, hallamos muchas cosas que perturban nuestra actual complacencia. En nuestra historia está todo el acompañamiento del despertar y el avivamiento, incluyendo adoración en voz alta, temblores, palabras intraducibles, gritos desbordantes, caídas y otras cosas que parecen avergonzar a la iglesia de hoy. Históricamente, los bautistas se identificaron con la fe del Nuevo Testamento. Dicha fe dio libertad espiritual al cristiano individual y a la iglesia local donde adoraba.

Cuando miramos hacia adelante partiendo del Nuevo Testamento y vemos nuestras raíces en los montanistas, los valdenses, los renanintas y los lolardos entre otros, hallamos una continuación no solo del bautismo por inmersión, sino también del poder de Dios. John Broadus hizo la siguiente declaración en un discurso ante la American Baptist Convention (Convención Bautista Norteamericana). Este pasaje nos brinda un relato claro de algunas de nuestras raíces Bautistas del Sur. Aunque no menciona el ejercicio de los dones carismáticos, pone de relieve la herencia avivacionista de los bautistas. El avivacionismo fue la fuente de la que emergió la reactivación de los dones.[22]

> Shubael Stearns nació en Boston en 1706, y bajo la influencia del Gran Despertar, en 1745 se adhirió a los congregacionalistas separados, o Nuevas Luces, y comenzó a predicar. En 1751 se convirtió en bautista, en Connecticut, y después de dos o tres años más, anhelando llevar el evangelio a regiones más desposeídas, fue a Berkeley County, Virginia, junto con

una pequeña colonia de hermanos. Aquí se le unió Daniel Marshall, que tenía su misma edad y que también había sido congregacionalista y separado en Connecticut. Creyendo que la segunda venida de Cristo estaba próxima, Marshall y otros vendieron o abandonaron sus propiedades, y se apresuraron a ir con familias indigentes a las fuentes del Susquehanna, y en aquel lugar comenzaron a trabajar en pos de la conversión de los indios mohawk.

Después de dieciocho meses, una guerra india lo obligó a dejar el lugar, y fue a Berkley County, Virginia, donde, después de encontrar una iglesia bautista, examinó y adoptó sus puntos de vista alrededor del año 1754. Mientras estaba en Connecticut, se había casado con la hermana de Shubael Stearns. Ambos se asociaron en Virginia y poco después buscaron juntos una región con mayores carencias en Carolina del Norte, no muy lejos de Greensboro. En este lugar, ellos y su pequeña colonia enseñaron la necesidad de tener un nuevo nacimiento y conciencia de la conversión, con el vino santo y los temblores nerviosos y gritos desbordantes entre sus oyentes, y todas las expresiones emotivas que caracterizaban a los congregacionalistas separados de Connecticut. Aunque en principio fueron muy ridiculizados, poco tiempo después tuvieron gran éxito, construyendo dos iglesias de quinientos y seiscientos miembros.

Reteniendo su nombre de separados traído de Nueva Inglaterra, se autodenominaron "bautistas separados", y se diseminaron rápidamente por

Virginia y Georgia, aunque estaban destinados, una vez que sus excesos entusiastas se hubieran calmado, a ser absorbidos por el cuerpo de bautistas regulares antes de finalizar el siglo dieciocho.

Stearns murió en Carolina del Norte; pero [Daniel] Marshall, siempre en busca de nuevos campos, fue después de unos años a Lexington District, en Carolina del Sur, donde construyó una iglesia, y finalmente, tres años antes del tiempo al cual nos referimos, se trasladó a Georgia, no muy lejos de Augusta, donde ya había formado una iglesia considerable. Entre las costumbres inusuales de los separados, tanto congregacionalistas como bautistas, estaban la práctica de la oración y exhortación públicas por mujeres; y se decía que en estos ejercicios la esposa de Marshall era admirablemente impresionante.[23]

Nuestras raíces no se hallan en las catedrales de Europa, ni en las altas esferas de la academia, sino en el aposento alto, y después en la "enramada". Fuimos gestados y nacimos en el fuego de Pentecostés y del avivamiento. ¡No podemos seguir sacudiéndonos del cabello el tamo de nuestra "enramada" de origen y simular que somos parte de alguna jerarquía eclesiástica que surgió de la Iglesia Católica Romana! Los éxtasis y los ruidos de todos estos tempranos movimientos eran similares a los de los carismáticos y hoy serían catalogados como tales, y se podrían haber incluido las lenguas. No tenemos manera de demostrar esto; lo esencial es que las iglesias operaban con una libertad que hoy no está permitida.

En la sala de liberación

En la primera parte de este siglo, un avivamiento llamado de la calle Azusa estalló en Los Ángeles. El gran movimiento del pentecostalismo se originó en esa reunión. Sin embargo, ese no fue el único movimiento. En reacción al estallido de la calle Azusa, los bautistas se identificaron con el erudito calvinista B. B. Warfield, quien escribió el primer argumento detallado de que los dones del Espíritu Santo habían cesado. Warfield escribió específicamente para criticar el avivamiento donde había irrumpido lo sobrenatural. Además, cobró preponderancia la teología dispensacional—doctrina que compartimenta las Escrituras y sostiene que la era de los milagros ya acabó.

Pero muchos bautistas no saben que el avivamiento pentecostal que estalló en Los Ángeles a principios de siglo en realidad comenzó en la Primera Iglesia Bautista de Los Ángeles, California. El pastor, Joseph Smale, regresó de una reunión con el líder del avivamiento galés, Evan Roberts. Mientras estuvo en Gales, Smale oró pidiendo que el mismo fuego cayera en su iglesia de Los Ángeles. Día tras día y noche tras noche, la gente esperó ante el Señor en la iglesia bautista. El avivamiento estalló con todas las manifestaciones y libertad atestiguadas a través de los años en el despertar. Las murallas denominacionales cayeron, y gente de todas partes de la ciudad se reunía para experimentar el derramamiento del Señor. Una iglesia bautista se había convertido en el centro del avivamiento. El pastor Smale profetizó un retorno de los dones apostólicos a la iglesia.

Esto fue en junio de 1905. El avivamiento barrió la ciudad y los principales periódicos publicaron artículos sobre el despertar. ¿Qué le sucedió a esa reunión, y por qué tuvo que ir Dios a la calle Azusa en 1906? Frank Bartleman brindó su testimonio presencial:

> Fui a la iglesia de Smale una noche, y él renunció. Las reuniones se habían realizado diariamente durante quince días en la Primera Iglesia Bautista. Estábamos en septiembre. Los ministros de la iglesia estaban cansados de la innovación y querían volver al antiguo orden. Se le ordenó que detuviera el avivamiento o se fuera. Sabiamente eligió lo último. Pero qué horroroso que una iglesia tome una actitud semejante: echar a Dios a la calle. De esta misma manera, más adelante echaron al Espíritu de Dios de la iglesia en Gales. Se cansaron de su presencia, deseando regresar al viejo, frío orden eclesiástico. ¡Qué ciegos son los hombres! Naturalmente, los miembros más espirituales del pastor Smale lo siguieron, con un núcleo de otros obreros de diversos orígenes que se le habían unido durante el avivamiento. De inmediato contemplaron organizar una iglesia del Nuevo Testamento.[24]

Joseph Smale fundó otra obra que prosperó como iglesia del Nuevo Testamento. En esa iglesia Dios hizo una poderosa y maravillosa obra.

Hoy en día, cientos de iglesias evangélicas se están moviendo en el poder del Espíritu, y están ocurriendo avivamientos en cada región. Pero hay fuerzas reaccionarias que se levantan para apagar el fuego del Espíritu Santo. Los que han sido influidos por la obra del Espíritu de Dios suelen ser temidos y no bienvenidos. Las iglesias deberían tener libertad para operar en el Espíritu dentro de los parámetros bíblicos. ¿Es la tienda bautista (y evangélica) lo suficientemente grande como para incluir a los que creen en la continuación y práctica de los dones sobrenaturales del Espíritu Santo? Mi oración es que así sea.

También hay que señalar a B. B. Warfield, Scofield, y John MacArthur como maestros fundacionales del cesacionismo. Los evangélicos opuestos al cesacionismo incluyen a James Leo Garrett, Jack MacGorman, Siegfried Schatzmann, Ken Hemphill, y Billy Graham, y un ejército de otros. (Para más recursos, vea la bibliografía.)

Si los dones han cesado...

¿Cuáles podrían ser las implicancias del cesacionismo para las iglesias históricas?

1. Posiblemente las iglesias perderían millones de cristianos con dones maravillosos, que quizás abracen la práctica carismática.

2. El cesacionismo, por su negación de la obra presente del Espíritu Santo, ignora o explica con excusas el contenido bíblico que claramente la apoya.

3. El cesacionismo tiene implícitos matices prejuiciosos, porque muchas iglesias étnicas practican los dones y operan según la denominada adoración carismática.

4. El cesacionismo tiene enormes implicancias para el futuro de las misiones mundiales. Para tratar con estas culturas, los misioneros necesitan un arsenal espiritual completo. Los movimientos evangelísticos más grandes en la costa del Pacífico, en África y en América Central y América del Sur son carismáticos.[25]

5. El cesacionismo corta la comunión con otras denominaciones que aceptan la inerrancia, pero que creen que todos los dones continúan.

6. El cesacionismo limita el poder de Dios entre su pueblo, cerrando la puerta a ciertas manifestaciones del poder del Espíritu.

7. El cesacionismo tiene un efecto desalentador sobre la siguiente generación, creando una fe más intelectual y pragmática que la fe investida del poder del Espíritu Santo.

Nota a la traducción:

a. **Elefantes y gorilas de ochocientas libras:** El autor conjuga dos expresiones metafóricas, cada una de ellas sin equivalente en español, "Un elefante en el salón" y "Un gorila de ochocientas libras". Se refiere a una cuestión, problema o asunto controvertido que es obvio—como la presencia de un elefante en un salón, o la de un gorila de ochocientas libras (unos cuatrocientos kilos)—, pero que alguna gente decide ignorar, generalmente porque tratarlo le resulta embarazoso o es tabú.

CAPÍTULO 4
La necesidad de los dones espirituales

ANTES DE EXPLORAR los dones del Espíritu, es importante que entendamos su absoluta necesidad en la Iglesia. En el capítulo anterior, afirmamos que los dones no han cesado y que continúan operando en plenitud en el presente. Habiendo entendido eso, debemos cobrar conciencia del total fracaso de la Iglesia sin estos dones.

Cuando estudiamos el término *carismático*, descubrimos que la palabra raíz es *gracia*. A quien Dios salva por gracia vive por gracia. La gracia es el favor de Dios derramado sobre los creyentes sin mérito alguno de su parte. Ignorar los dones es insultar al Dador de toda cosa buena:

> Amados hermanos míos, no erréis. Toda buena dádiva y todo don perfecto desciende de lo alto, del Padre de las luces, en el cual no hay mudanza, ni sombra de variación.
>
> —SANTIAGO 1:16-17

¿Cómo nos atrevemos a negarnos a abrir los dones del Espíritu y operar en su poder? Solo una repugnante arrogancia rechazaría los dones que Jesús ha derramado en su Iglesia comprada con sangre.

En su excelente libro *Activating the Gifts of the Holy Spirit* (Activar los dones del Espíritu Santo), David Ireland ofrece un resumen de por qué la gente no opera en los dones. El resumen es el siguiente:

> El temor a lo sobrenatural, [el deseo de] aceptación social, la mente carnal, el deseo de control, y la falta de discernimiento.[1]

¡Yo lo resumiría diciendo que en la mente del mundo evangélico existe cierta vergüenza de los dones pentecostales! Por supuesto, hubo quienes abusaron de los dones y los distorsionaron. Además, Satanás tiene excelentes falsificaciones. Solo recuerde: es totalmente tonto falsificar algo a menos que sea valioso.

¿Por qué necesitamos los dones?

Primero, necesitamos los dones del Espíritu para traer la dimensión sobrenatural a la Iglesia actual.

> Y ni mi palabra ni mi predicación fue con palabras persuasivas de humana sabiduría, sino con demostración del Espíritu y de poder, para que vuestra fe no esté fundada en la sabiduría de los hombres, sino en el poder de Dios.
>
> —1 Corintios 2:4-5

¿Qué está sucediendo en la iglesia promedio que no pueda ser explicado en términos de operación, invención o promoción humanas? ¿Está nuestra fe establecida por el poder de Dios?

Segundo, los dones del Espíritu Santo traen sabiduría y revelación y conocimiento sobrenaturales que de lo contrario serían desconocidos para el creyente de una iglesia.

> Antes bien, como está escrito: Cosas que ojo no vio, ni oído oyó, ni han subido en corazón de hombre, son las que Dios ha preparado para los que le aman. Pero Dios nos las reveló a nosotros por el Espíritu; porque el Espíritu todo lo escudriña, aun lo profundo de Dios. Porque ¿quién de los hombres sabe las cosas del hombre, sino el espíritu del hombre que está en él? Así tampoco nadie conoció las cosas de Dios, sino el Espíritu de Dios.
>
> Y nosotros no hemos recibido el espíritu del mundo, sino el Espíritu que proviene de Dios, para que sepamos lo que Dios nos ha concedido, lo cual también hablamos, no con palabras enseñadas por sabiduría humana, sino con las que enseña el Espíritu, acomodando lo espiritual a lo espiritual. Pero el hombre natural no percibe las cosas que son del Espíritu de Dios, porque para él son locura, y no las puede entender, porque se han de discernir espiritualmente.
>
> —1 Corintios 2:9-14

Tercero, los dones espirituales requieren una total entrega a la voluntad de Dios. Antes de hablar sobre los dones a la iglesia de Roma, Pablo los llama a una vida crucificada, rendida.

> Así que, hermanos, os ruego por las misericordias de Dios, que presentéis vuestros cuerpos en sacrificio vivo, santo, agradable a Dios, que es vuestro culto racional. No os conforméis a este siglo, sino transformaos por medio de la renovación de vuestro entendimiento, para que comprobéis cuál sea la buena voluntad de Dios, agradable y perfecta.
>
> —Romanos 12:1-2

Cuarto, los dones espirituales traen una igualdad y unidad especiales a la Iglesia.

> Digo, pues, por la gracia que me es dada, a cada cual que está entre vosotros, que no tenga más alto concepto de sí que el que debe tener, sino que piense de sí con cordura, conforme a la medida de fe que Dios repartió a cada uno. Porque de la manera que en un cuerpo tenemos muchos miembros, pero no todos los miembros tienen la misma función...
>
> —Romanos 12:3-4

Los dones traen una conexión especial entre los creyentes, que produce respeto y honra entre todos.

Quinto, los dones del Espíritu profundizan el amor y

el cuidado de los creyentes los unos para con los otros en la iglesia.

> Así nosotros, siendo muchos, somos un cuerpo en Cristo, y todos miembros los unos de los otros.
>
> —Romanos 12:5

Sexto, los dones del Espíritu dan utilidad y propósito a cada creyente de la iglesia.

> Pero a cada uno le es dada la manifestación del Espíritu para provecho.
>
> Porque por un solo Espíritu fuimos todos bautizados en un cuerpo, sean judíos o griegos, sean esclavos o libres; y a todos se nos dio a beber de un mismo Espíritu. Además, el cuerpo no es un solo miembro, sino muchos. Si dijere el pie: Porque no soy mano, no soy del cuerpo, ¿por eso no será del cuerpo? Y si dijere la oreja: Porque no soy ojo, no soy del cuerpo, ¿por eso no será del cuerpo? Si todo el cuerpo fuese ojo, ¿dónde estaría el oído? Si todo fuese oído, ¿dónde estaría el olfato? Mas ahora Dios ha colocado los miembros cada uno de ellos en el cuerpo, como él quiso. Porque si todos fueran un solo miembro, ¿dónde estaría el cuerpo? Pero ahora son muchos los miembros, pero el cuerpo es uno solo. Ni el ojo puede decir a la mano: No te necesito, ni tampoco la cabeza a los pies: No tengo necesidad de vosotros. Antes bien los miembros del cuerpo que parecen más débiles, son los más necesarios
>
> —1 Corintios 12:7; 1 Corintios 12:13-22

Séptimo, los dones del Espíritu confirman el testimonio y la misión de la Iglesia.

> Y les dijo: Id por todo el mundo y predicad el evangelio a toda criatura. El que creyere y fuere bautizado, será salvo; mas el que no creyere, será condenado. Y estas señales seguirán a los que creen: En mi nombre echarán fuera demonios; hablarán nuevas lenguas; tomarán en las manos serpientes, y si bebieren cosa mortífera, no les hará daño; sobre los enfermos pondrán sus manos, y sanarán. Y el Señor, después que les habló, fue recibido arriba en el cielo, y se sentó a la diestra de Dios. Y ellos, saliendo, predicaron en todas partes, ayudándoles el Señor y confirmando la palabra con las señales que la seguían. Amén.
>
> —Marcos 16:15-20

Octavo, los dones del Espíritu son la garantía de Dios dada a la Iglesia. Por lo tanto debemos ser buenos administradores y mayordomos de los dones.

> Cada uno según el don que ha recibido, minístrelo a los otros, como buenos administradores de la multiforme gracia de Dios. Si alguno habla, hable conforme a las palabras de Dios; si alguno ministra, ministre conforme al poder que Dios da, para que en todo sea Dios glorificado por Jesucristo, a quien pertenecen la gloria y el imperio por los siglos de los siglos. Amén.
>
> —1 Pedro 4:10-11

Noveno, los dones del Espíritu son para equipar a los creyentes para el crecimiento tanto numérico como espiritual de la Iglesia.

> Y él mismo constituyó a unos, apóstoles; a otros, profetas; a otros, evangelistas; a otros, pastores y maestros, a fin de perfeccionar a los santos para la obra del ministerio, para la edificación del Cuerpo de Cristo, hasta que todos lleguemos a la unidad de la fe y del conocimiento del Hijo de Dios, a un varón perfecto, a la medida de la estatura de la plenitud de Cristo…
> —Efesios 4:11-13

Este equipamiento trae unidad y madurez que conducen a relaciones más sanas, lo cual es vital en la Iglesia. Como una vez escribió el gran poeta John Donne: "Ningún hombre es una isla" y esto es muy cierto de la Iglesia. Para cumplir el llamado individual que Dios ha depositado en cada una de nuestras vidas y, lo que es aún más importante, para cumplir nuestro rol en la Gran Comisión, necesitamos el poder de la unidad en el Espíritu Santo. Estas conexiones liberan poder y recursos para el crecimiento.

> Sino que siguiendo la verdad en amor, crezcamos en todo en aquel que es la cabeza, esto es, Cristo, de quien todo el cuerpo, bien concertado y unido entre sí por todas las coyunturas que se ayudan mutuamente, según la actividad propia de cada miembro, recibe su crecimiento para ir edificándose en amor.
> —Efesios 4:15-16

Estas son solo algunas de las importantes razones por las que la Iglesia debe tener un derramamiento fresco de los dones del Espíritu.

Desafío a cada creyente a una nueva búsqueda y apertura a los dones del amor de Dios.

CAPÍTULO 5

Los cinco dones de liderazgo del Espíritu

Algunos dicen que el liderazgo es una habilidad aprendida. Por cierto, se necesitan muchas habilidades para ser un líder de éxito en el mundo corporativo puesto que están en juego el éxito de su compañía, las ganancias de sus accionistas y el bienestar de sus empleados pero, en última instancia, estas son cosas pasajeras que algún día desaparecerán. Es algo sublime considerar ser líder en una situación en la que está en juego el alma eterna de una persona. Cada creyente es miembro del real sacerdocio de Cristo y en consecuencia ha sido llamado a cumplir la Gran Comisión; pero, tal como hemos afirmado en los capítulos anteriores, no todos tienen el mismo rol. Lea Efesios 4:11-16:

> Y él mismo constituyó a unos, apóstoles; a otros, profetas; a otros, evangelistas; a otros, pastores y maestros, a fin de perfeccionar a los santos para la obra del ministerio, para la edificación del cuerpo de Cristo, hasta que todos lleguemos a la unidad de la fe y del conocimiento del Hijo de Dios, a un varón perfecto, a la medida de la estatura de la plenitud de Cristo;

para que ya no seamos niños fluctuantes, llevados por doquiera de todo viento de doctrina, por estratagema de hombres que para engañar emplean con astucia las artimañas del error, sino que siguiendo la verdad en amor, crezcamos en todo en aquel que es la cabeza, esto es, Cristo, de quien todo el cuerpo, bien concertado y unido entre sí por todas las coyunturas que se ayudan mutuamente, según la actividad propia de cada miembro, recibe su crecimiento para ir edificándose en amor.

—Efesios 4:11-16

Aquí en Efesios 4 hallamos los dones del Espíritu como personas dotadas. Los primeros dieciséis versículos de Efesios 4 establecen la unidad del Espíritu y los dones del Espíritu.

Observe que ninguna iglesia está preparada para el pleno ministerio de los dones del Espíritu hasta que haya un vínculo de unidad y amor (Efesios 4:1-6). Recuerde nuestro ruego del capítulo anterior a aceptar las diferencias mutuas en cuanto a los dones que cada uno ha recibido y a unirnos en pos de nuestra misión de alcanzar a nuestra comunidad, tocar a nuestra denominación, despertar a nuestra nación y penetrar en el mundo con el evangelio.

Aparte de las bodas y aniversarios, 1 Corintios 13 nos advierte que no estaremos preparados para disfrutar los dones del Espíritu hasta que seamos bautizados en amor ágape. Antes de plantear el tema de los dones, Pablo llama a la Iglesia a la unidad.

Los dones dados a la Iglesia

> Pero a cada uno de nosotros fue dada la gracia conforme a la medida del don de Cristo.
>
> —EFESIOS 4:7

Pablo escribió estas dieciocho palabras y las llenó de tanta verdad que debemos analizarlas más a fondo. Observe las siguientes verdades acerca de los dones espirituales. Primero, hay dones del Espíritu para todos y cada uno de nosotros. Esa maravillosa frase, "a cada uno de nosotros" significa que no hay ninguno, ni uno, al que Dios no esté dispuesto a investir de poder y capacitar con dones sobrenaturales de lo alto.

En segundo lugar, la profundidad de sus dones va en proporción con la profundidad de su relación con Jesús. Puede tener el don de enseñanza, por ejemplo, pero nunca estará capacitado para traer una palabra *rema*, profunda y reveladora a aquellos a quienes busca enseñar, a menos que usted mismo busque una relación *rema*, reveladora y profunda con Jesús.

> Subiendo a lo alto, llevó cautiva la cautividad, y dio dones a los hombres. Y eso de que subió, ¿qué es, sino que también había descendido primero a las

partes más bajas de la tierra? El que descendió, es el mismo que también subió por encima de todos los cielos para llenarlo todo.

—EFESIOS 4:8-10

Ni el tiempo ni el espacio nos permiten una mirada exhaustiva de las cosas maravillosas que Jesús hizo mediante su muerte y resurrección; tampoco tenemos tiempo ni espacio para estudiar a fondo los milagros asociados con la ascensión, pero es importante observar que Jesús hizo tres cosas poderosas en su ascensión.

1. Liberó a los santos del Antiguo Testamento.

2. Los llevó al cielo.

3. Derramó los dones del Espíritu en la Iglesia.

Estas cosas son importantes porque al hacerlas, Jesús cita mediante la acción, una más en la larga lista de evidencias que demuestran que es un Dios que cumple sus promesas.

Los dones en la Iglesia (versículo 11)

Y él mismo constituyó a unos, apóstoles; a otros, profetas; a otros, evangelistas; a otros, pastores y maestros...

Observe con atención que estos dones de Efesios 4 son *dómata* y no *jarísmata*. Si volvemos al versículo 7, a todos se nos han dado *járis* o dones de gracia. Estos dones mencionados en Efesios 4 son los oficios de la Iglesia. Son personas dotadas de manera única por Dios para la Iglesia. ¡Estos dones explican las cinco facetas del ministerio que deberían tener lugar en la Iglesia!

Apóstol

La palabra se encuentra ochenta y una veces y se traduce *apóstol* setenta y ocho veces, "mensajero" dos veces, y "aquel que es enviado" una vez. ¡Al menos hay veinticuatro personas distintas en el Nuevo Testamento que reciben esa denominación! La idea de que los Doce fueron los únicos que tuvieron ministerio apostólico es errónea. Ahora bien, únicamente los Doce nos dieron las Escrituras y fueron testigos presenciales del Señor.

Un apóstol es un delegado enviado con pleno poder y autoridad de quien lo envía. El ministerio apostólico es la obra sobrenatural de Cristo para la Iglesia. Las señales de milagros seguían al ministerio de los apóstoles.

Profetas

Aunque todos los creyentes pueden dar palabras proféticas de las Escrituras y dar consejo y revelación a otros, no todos son profetas.

Los profetas son enviados para traer edificación, corrección, y guía a la Iglesia. Vienen a ella con la palabra *actual*: con lo que Pedro llama "la verdad presente".

Evangelista

El evangelista es aquel cuya pasión es alcanzar a los que no son salvos, y quien también puede equipar a otros para alcanzar a los perdidos. Son un llamado y un oficio especiales aunque, al mismo tiempo, es cierto que todos los creyentes están llamados a alcanzar a los perdidos.

Pastor

El pastor es alguien que guía, alimenta, y cuida al pueblo de Dios. Está aquí para equipar a otros con este don para ministrar al cuerpo y, la mayoría de las veces, un cuerpo *local* en particular.

Maestro

Alguien llamado a ser maestro es enviado y capacitado para develar la Palabra de Dios a la Iglesia. De todos estos *dómata*, el oficio de maestro es el más asociado con la advertencia que se encuentra en Santiago 3:1:

> Hermanos míos, no os hagáis maestros muchos de vosotros, sabiendo que recibiremos mayor condenación.
> —Santiago 3:1

Para cumplir su propósito en el cuerpo, una iglesia local—y la Iglesia universal—debe ofrecer este quíntuple ministerio. No hacerlo, o aun peor, negar su existencia y validez actual no solo es ser injusto con la congregación, sino también exaltar deseos, doctrinas, y tradiciones de hombres por encima de la clara instrucción de Dios.

Los dones derramados en la Iglesia (versículos 12-16)

A fin de perfeccionar a los santos para la obra del ministerio, para la edificación del cuerpo de Cristo, hasta que todos lleguemos a la unidad de la fe y del conocimiento del Hijo de Dios, a un varón perfecto, a la medida de la estatura de la plenitud de Cristo; para que ya no seamos niños fluctuantes, llevados por doquiera de todo viento de doctrina, por estratagema de hombres que para engañar emplean con astucia las artimañas del error, sino que siguiendo la verdad en amor, crezcamos en todo en aquel que es la cabeza, esto es, Cristo, de quien todo el cuerpo, bien concertado y unido entre sí por todas las coyunturas que se ayudan mutuamente, según la actividad propia de cada miembro, recibe su crecimiento para ir edificándose en amor.

El espacio solo me permite mencionar las bendiciones derramadas en la Iglesia cuando los dones se ejercen de manera apropiada.

1. Equipan al pueblo para el ministerio (v. 12).

2. Edifican a la Iglesia (v. 12).

3. Unifican a la Iglesia en torno al conocimiento de Cristo (v. 13).

4. Nos llevan a alcanzar madurez (v. 13).

5. Nos llevan a alcanzar plenitud (v. 13).

6. Nos guardan del error (v. 14-15).

7. Nos ayudan a crecer (v. 15).

8. Derraman la provisión de todo lo que la Iglesia necesita (v. 16).

9. Hacen que la Iglesia acreciente su ministerio (v. 16).

La única conclusión de un estudio fidedigno de estos pasajes es que los líderes realmente equipados con dones son *indispensables* para la Iglesia.

CAPÍTULO 6
Los siete dones de servicio del Espíritu Santo

En Génesis 24, Abraham envió a su criado desde Canaán a Padan-aram a buscar esposa para su hijo Isaac. Este fiel criado cargó diez camellos para llevar consigo. ¿Cuánta riqueza puede cargarse en un camello? Los camellos llevaban la prueba de que Abraham era rico. Entre los regalos había joyas preciosas, prendas de vestir y tesoros. Cuando el criado encontró a Rebeca, la esposa de Isaac, su primera tarea fue darle un costoso zarcillo de nariz y brazaletes. Al aceptar los regalos, Rebeca aceptó convertirse en la esposa de Isaac.

De forma similar, Dios nos ha enviado a su Espíritu Santo a nosotros, la esposa de Cristo, con abundantes dones. La salvación es un don. Jesús mismo es un don del Padre. La presencia y poder del Espíritu Santo es un don. Todo lo que tenemos es un don de Dios. Nuestros dones espirituales son talentos divinos dados con el nuevo nacimiento para capacitarnos para conocer, para hacer y para hablar con la autoridad de Él.

Veamos Romanos 12:6-8 (NVI):

Tenemos dones diferentes, según la gracia que se nos ha dado. Si el don de alguien es el de profecía, que lo use en proporción con su fe; si es el de prestar un servicio, que lo preste; si es el de enseñar, que enseñe; si es el de animar a otros, que los anime; si es el de socorrer a los necesitados, que dé con generosidad; si es el de dirigir, que dirija con esmero; si es el de mostrar compasión, que lo haga con alegría.

Cada cristiano tiene al menos uno de estos dones motivacionales. Cuando nacemos físicamente, tenemos talentos naturales. Lo mismo se aplica al nuevo nacimiento (espiritual): recibimos ciertos talentos espirituales. Cuando ejercitamos nuestros dones, el gozo viene a nuestras vidas. Estos son dones *járisma*. La raíz *jará* significa "gozo", y *járis* es la palabra raíz para *gracia*, que significa "Dios da el deseo y el poder para hacer su voluntad por medio de nuestros dones". Al desarrollarlos, hallamos gran satisfacción personal. Cada don fortalece al Cuerpo de Cristo. El amor es la razón por la que operan todos los dones. Esto debe ser muy importante para Dios, puesto que hay aproximadamente cien versículos que hacen referencia a los dones espirituales en el Nuevo Testamento. No se me ocurre un ejemplo mejor que el de Bill Gothard. Esto lo ayudará a descubrir su don espiritual:

Supongamos que un grupo de gente estaba haciendo la fila en la cafetería Piccadilly para comer juntos y a alguien se le cae la bandeja, volcando comida y bebida por todo el piso y sobre su ropa. ¿Cómo reaccionarían los demás?

La profecía respondería: "Esto sucede cuando no prestas atención. No estabas mirando por dónde ibas".

La misericordia diría: "No te sientas mal. Podría haberle sucedido a cualquiera".

El don de servicio respondería: "Oh, déjame ayudarte a limpiarlo". Esta persona desea satisfacer una necesidad práctica.

El maestro diría: "La razón por la que eso se cayó es que tenía demasiados objetos de un lado y la bandeja no estaba equilibrada". El maestro quiere descubrir por qué sucedió.

El exhortador sugeriría: "La próxima vez, pongamos menos platos en la bandeja", ya que su motivación es corregir para el futuro.

El dador diría: "Seré feliz de ayudarte a comprar otra bandeja de comida". Su motivación es dar para una necesidad tangible.

El administrador tomaría el control y diría: "Jim, tú consigue un trapeador y Sue, por favor, consigue un paño húmedo para limpiar las manchas de la ropa y Mary, ¿podrías recoger los platos y llevarlos a la cocina?" La motivación de esta persona es lograr el objetivo inmediato del grupo.

¿Cuál es usted? Su motivación siempre es un deseo de acercarse y ayudar a otros. Su don no es para usted, sino para beneficio de otros en amor.

El don de profecía
corrige a la Iglesia

Alguien que dice: "Así dice el Señor", y habla con autoridad divina basada en las Escrituras es un profeta. La palabra griega *profétes* significa "declarar, proclamar, y hacer conocer". El profeta tiene un fuerte sentido de lo que está bien y lo que está mal y reacciona ásperamente ante la injusticia, la perversidad, la maldad, y el pecado. Ellos aman la justicia y son dolorosamente directos con la gente. Sufren por lo recto y soportan sus luchas y defectos personales para ayudar a otros. Pedro es el ejemplo bíblico. Siempre hablaba, tenía opiniones firmes, y era muy persuasivo. Los profetas hablan la verdad a cualquier precio.

El don de servicio ayuda a la Iglesia

Cuando pensamos en cristianos que sirven tras bambalinas, pensamos en los que tienen el don también llamado de "ayuda". Quieren bendecir a otros a servir al Señor con mayor eficacia. Están motivados por un fuerte sentido de la necesidad y sienten que "alguien tiene que hacerlo". A menudo se encuentran haciendo lo que otros no quieren hacer. Son flexibles, se adaptan al cambio, y están a la altura de los desafíos. Son realmente desinteresados y hacen a un lado sus necesidades familiares o su propio cansancio para ayudar a otros. A veces les cuesta mucho decir no, se cargan de responsabilidades, y se frustran. Les encanta que los reconozcan y les agradezcan. Les gustan los proyectos a corto plazo y a menudo se sienten incompetentes o no calificados para el liderazgo. Una advertencia para quienes se identifican con este don: disfrute sirviendo pero no sea un mártir.

Timoteo es un ejemplo bíblico del don de servicio en acción. Pablo dijo que nadie se interesaba por su estado como Timoteo. Le llevó un manto y libros a Roma y siempre trabajaba con otros. Pablo lo alentó diciéndole que estaba calificado por su ordenación y el entrenamiento de su madre y su abuela.

El don de enseñanza instruye a la Iglesia

Los cristianos que tienen este don prefieren explicar por qué las cosas son verdaderas. Si los profetas declaran la verdad, los maestros explican la razón por la cual es verdad. A los maestros les gusta investigar y sacar a la luz hechos insignificantes. Disfrutan al presentar lo que han descubierto. Les encanta estudiar y buscan un entendimiento más profundo, descuidando otras necesidades. A veces pasan por alto lo obvio. Investigan con demasiada profundidad e intentan agotar un tema, no solo revelarlo. A un maestro le resulta difícil decir "me equivoqué" o admitir que llegó a una conclusión equivocada.

Yo tengo este don, al igual que Beth Moore y Perry Stone. Lucas del Nuevo Testamento tenía este don. Su propósito al escribir fue "para que conozcas bien la verdad de las cosas en las cuales has sido instruido" (Lucas 1:4). Él explicaba en detalle como un testigo presencial de Cristo. Usó un detallado enfoque cronológico. Lucas es el Evangelio más largo con descripciones precisas y más detalles que cualquier otro Evangelio. Un maestro permanecerá en silencio hasta haber escuchado, observado y verificado la información antes de aceptarla.

El don de exhortación alienta a la Iglesia

Martín Lutero dijo que "la enseñanza y la exhortación difieren la una de la otra en que la enseñanza está dirigida a los que no saben, pero la exhortación es para los que sí saben".[1] El don de exhortación trae una palabra de esperanza para alzarnos por encima de los problemas. La palabra griega para *exhortación* es *paráklesis* que, como el Espíritu Santo mismo, significa "exhortar, consolar, llamar cerca o al lado para que ayude". Al Espíritu Santo se lo llama Consolador, alguien al que llamamos a nuestro lado para que traiga esperanza a nuestra alma. Estas personas dotadas tienen las palabras justas en el momento justo para levantarnos el ánimo. Uno siempre se siente mejor acerca de sí mismo después de escuchar a un exhortador. Siempre incluyen acciones positivas que muestran esperanza.

El pastor Joel Osteen, Joyce Meyer y el pastor Ronnie

Phillips, Jr. tienen este don. Pablo sería el ejemplo bíblico de un exhortador.

El don de dar provee a la Iglesia

El don de dar es en realidad el don de recibir. Este siempre tiene a mano recursos para suplir las necesidades físicas de los creyentes mientras que el exhortador satisface las necesidades espirituales y emocionales de los creyentes. La palabra griega es *metadídomi*, que significa "impartir, compartir, y dar". Bernabé ejerció este don cuando vendió su tierra para dar a la iglesia. Dar es parte de la adoración, pero no se limita a los ricos, aunque es algo común.

El hecho de que no seamos ricos no es excusa para no ejercer este don, porque se nos dice que debemos ejercitar *todos* los dones cuando se nos presente la oportunidad. Dar es algo más que dinero. Puede ser comida, ropa, abrigo y beneficios. No es tiempo, porque todos los dones requieren eso. Los dadores deben ofrecer a otros sin esperar nada a cambio. A los dadores no les gusta la atención o el reconocimiento pero sus dones son siempre de alta calidad. Practican la frugalidad personal y son felices con lo esencial para vivir. A veces los dones se malinterpretan como presión o deseo de controlar. Esto no es verdad. Los dadores son sensibles a la forma en que el dinero se gasta y se ahorra y no dan para las necesidades obvias pero constituyen buenos miembros de la junta de finanzas y son concienzudos.

El ejemplo bíblico de dar fue Mateo, que tenía riqueza y amigos adinerados pero lo dio todo para seguir a Cristo.

El don de administración (presidir) organiza a la Iglesia

Este don tiene que ver con supervisar algo. El término griego aquí es *proistemi*, que significa "poner por encima o gobernar" Los líderes son necesarios para organizar ministerios o grupos en particular pero deberían hacerlo con un corazón bondadoso y con compasión. Lo primero que pensamos de gobernar es en un líder tirano o dominante. Esa no debería ser la forma en que este don sirve a la Iglesia.

Los líderes guían con humildad y con corazón de siervo. Esto también abarca la palabra griega *kubérnesis*, de 1 Corintios 12:28 que significa "dirección o guía". Esta persona dirige a la iglesia y se asegura de que las cosas estén en orden y vayan bien. La gente que tiene este don organiza un evento o ministerio de la iglesia, planea e inicia un nuevo ministerio, organiza una nueva clase, o programa reuniones para la familia, la escuela o el vecindario. Estas personas tienen un fuerte sentido del deber y son buenas para delegar responsabilidades. Existe una fuerte orientación hacia la participación y el trabajo en equipo. Tienen visión global y saben cómo lograr el objetivo. Son buenos para mantener a la gente unida y avanzar.

Una precaución para todos los que se identifican con este don: lidere con el ejemplo y no con la manipulación o la culpa. Trate de no parecer insensible enfatizando el deseo de realizar un proyecto más que el amar y cuidar a la gente. Si nadie lidera, la persona que tiene este don da un paso al frente. No crea que la capacidad de delegar signifique que este líder evite el trabajo. Eso sencillamente no es cierto.

Es probable que todos los líderes de ministerios tengan o ejerzan este don. Los contemporáneos que lo tienen son Marcus Lamb y Paul Crouch que han establecido redes gigantes de televisión. Nehemías es el ejemplo bíblico que reconstruyó los muros de Jerusalén con muchos grupos, y cada uno de ellos trabajaba en una pequeña sección. Superó muchos obstáculos para concluir la tarea al mismo tiempo que desafiaba y motivaba a los obreros a alcanzar el objetivo.

El don de misericordia consuela a la Iglesia

El don de misericordia es la capacitación divina para ayudar en forma alegre y práctica a quienes sufren o tienen necesidad. Es compasión movida a la acción. La gente que tiene este don se concentra en aliviar las causas del dolor o incomodidad de la gente que sufre, en atender las necesidades de los solitarios y olvidados, al mismo tiempo que expresan amor, gracia y dignidad a los que enfrentan crisis y dificultades. Sirven en medio de circunstancias difíciles o desagradables y lo hacen alegremente. Se preocupan por los problemas individuales y sociales que oprimen a la gente. Atraen a la gente con serias necesidades mentales o emocionales. Miden la aceptación en términos de cercanía física y tiempo de calidad juntos. Quieren remover los dolores sin buscar beneficiarse con ellos. Tienden a evitar la firmeza o las decisiones. A veces hacen suya la ofensa de la persona lastimada y se meten en medio de algo que no pueden cambiar. Puesto que son tan sensibles, a menudo son objeto de afecto inapropiado por parte del sexo opuesto. Tienden a hacer a un lado a los que son insensibles. Y tienen compasión de los que violan los estándares de Dios y no disciernen la razón por la cual la gente sufre. Su amistad puede ser posesiva.

Ejemplos contemporáneos de este don son Franklin Graham con el ministerio Samaritan's Purse y la Madre Teresa, que entregó su vida a los barrios pobres de la India. El apóstol Juan tenía este don ya que se centraba en las relaciones y escribía para dar gozo, esperanza y confianza para echar fuera el temor. Aceptaba a otros y fue el discípulo a quien Jesús amaba.

Encuentre su don. Persígalo. Pídale a Dios que le dé oportunidades para usar el don que le dio. Permita que el amor lo motive a usar su don para bendecir a otros, y cuando lleguemos al cielo, Dios dirá: "Bien hecho, buen siervo y fiel".

CAPÍTULO 7
Ocho dones de señales del Espíritu

MUCHOS ERUDITOS SOSTIENEN que la lengua inglesa es gutural e inexacta, mientras consideran a las lenguas de los textos escriturales (esto es, griego y hebreo) e incluso los idiomas existentes en ese tiempo como superiores. No necesariamente sostengo este punto de vista, pero es importante observar que la palabra inglesa para *don*ª tal como se traduce, especialmente en el Nuevo Testamento, en la Biblia es una de muchas palabras que no se corresponden del todo con la intención original de los escritores de las Escrituras. Observe algunas palabras especiales que nos ayudan a entender los dones y sus propósitos:

1. *Jarísmata:* Dones de gracia

Ahora bien, hay diversidad de dones, pero el Espíritu es el mismo.

—1 CORINTIOS 12:4

2. *Diakonía:* Dones de ministerio

Y hay diversidad de ministerios, pero el Señor es el mismo.

—1 Corintios 12:5

3. *Enérgemata:* Dones sobrenaturales

Y hay diversidad de operaciones, pero Dios, que hace todas las cosas en todos, es el mismo.

—1 Corintios 12:6

4. *Dómata:* Dones de liderazgo

Y él mismo constituyó a unos, apóstoles; a otros, profetas; a otros, evangelistas; a otros, pastores y maestros, a fin de perfeccionar a los santos para la obra del ministerio, para la edificación del cuerpo de Cristo, hasta que todos lleguemos a la unidad de la fe y del conocimiento del Hijo de Dios, a un varón perfecto, a la medida de la estatura de la plenitud de Cristo.

—Efesios 4:11-13

Estos dones son recibidos y derramados en la Iglesia. Preste atención a una de las primeras cosas que Pablo les dice a los romanos en la carta que les dirige:

Porque deseo veros, para comunicaros algún don espiritual, a fin de que seáis confirmados.

—Romanos 1:11

Y a Timoteo, su hijo en la fe:

> Por lo cual te aconsejo que avives el fuego del don de
> Dios que está en ti por la imposición de mis manos.
> —2 Timoteo 1:6

En Romanos 11:29 se nos dice que estos dones y llamados son irrevocables. ¡Imagínelo! Dios está dispuesto a poner un llamado en su vida y a darle los dones acordes para cumplir ese llamado y esas cosas son vinculantes e inalterables.

Mi corazón no siempre ha estado abierto a los dones sobrenaturales. Al igual que muchos otros, me resultaba fácil relegar los dones más espectaculares al siglo primero. No encuentro apoyo escritural para la cesación de los dones. El único texto que ofrecen como prueba quienes se oponen a la operación de los dones espirituales en el presente se encuentra en 1 Corintios 13:8: "cesarán las lenguas…" Es obvio que esto se refiere al futuro cuando Cristo venga y no haya más necesidad de los dones. Pablo nos da una lista de los dones sobrenaturales en 1 Corintios 12:7-11:

> Pero a cada uno le es dada la manifestación del Espíritu para provecho. Porque a este es dada por el Espíritu palabra de sabiduría; a otro, palabra de ciencia según el mismo Espíritu; a otro, fe por el mismo Espíritu; y a otro, dones de sanidades por el mismo Espíritu. A otro, el hacer milagros; a otro, profecía; a otro, discernimiento de espíritus; a otro, diversos géneros de lenguas; y a otro, interpretación de lenguas. Pero todas estas cosas las hace uno y el mismo

Espíritu, repartiendo a cada uno en particular como
él quiere.

¡Dios da a cada creyente una manifestación sobrenatural!
La más común de estas son las lenguas pero, cualquiera sea la
manifestación, Dios está dispuesto a darla.

Dones de revelación

Palabra de sabiduría

La palabra de sabiduría emite consejo práctico para la
vida diaria. Es dada sobrenaturalmente como don de Dios
para dar respuesta a problemas. En Santiago 3:15-17 se nos
dice:

> Porque esta sabiduría no es la que desciende de lo
> alto, sino terrenal, animal, diabólica. Porque donde
> hay celos y contención, allí hay perturbación y toda
> obra perversa. Pero la sabiduría que es de lo alto
> es primeramente pura, después pacífica, amable,
> benigna, llena de misericordia y de buenos frutos,
> sin incertidumbre ni hipocresía.
>
> —SANTIAGO 3:15-17

Palabra de ciencia

La palabra de ciencia da a conocer información dada
sobrenaturalmente por Dios a un creyente para otros. Pablo
habló sobre esto en su carta a los Efesios:

Para que el Dios de nuestro Señor Jesucristo, el
Padre de gloria, os dé espíritu de sabiduría y de
revelación en el conocimiento de él, alumbrando los
ojos de vuestro entendimiento, para que sepáis cuál
es la esperanza a que él os ha llamado, y cuáles las
riquezas de la gloria de su herencia en los santos…

—Efesios 1:17-18

Discernimiento de espíritus

Muchos ven este don meramente como una capacidad
para detectar la presencia de espíritus malignos. Este no es
el caso. El discernimiento de espíritus sí da la capacidad
para detectar espíritus enemigos, pero también tiene el propósito de capacitar al que lo posee para leer el espíritu de
otras personas. En Hechos 8:23:

Porque en hiel de amargura y en prisión de maldad
veo que estás.

—Hechos 8:23

Y en Hechos 13:10:

Dijo: ¡Oh, lleno de todo engaño y de toda maldad,
hijo del diablo, enemigo de toda justicia! ¿No cesarás
de trastornar los caminos rectos del Señor?

—Hechos 13:10

Dones de inspiración

Los dones sobrenaturales funcionan para inspirar al creyente que usa el don, a otros creyentes y, en ocasiones, a no creyentes también. Estos dones y sus explicaciones se mencionan a continuación.

+ Profecía: Mensaje de Dios en un idioma conocido o en una lengua interpretada.

+ Lenguas: Una expresión sobrenatural en una lengua desconocida para el hablante, puede ser terrenal o celestial.

+ Interpretación: La capacidad dada por Dios para oír una lengua desconocida y comprenderla.

Dones de operación

Ya hemos mencionado que la fe en sí misma es un don. Pero la fe no es solamente creer algo. La fe es una capacidad sobrenatural para hacer obras extraordinarias. La fe tiene la capacidad de creerle a Dios sin dudar ni cuestionar, confiesa la promesa y espera su manifestación.

Dones de sanidad

Este don es, a la vez, simple de entender pero de gran alcance. Lea Hechos 10:38:

Cómo Dios ungió con el Espíritu Santo y con poder a Jesús de Nazaret, y cómo éste anduvo haciendo bienes y sanando a todos los oprimidos por el diablo, porque Dios estaba con él.

Y lea la gran profecía mesiánica que se da en Isaías 53:4-5:

Ciertamente llevó él nuestras enfermedades, y sufrió nuestros dolores; y nosotros le tuvimos por azotado, por herido de Dios y abatido. Mas él herido fue por nuestras rebeliones, molido por nuestros pecados; el castigo de nuestra paz fue sobre él, y por su llaga fuimos nosotros curados.

Este don es la capacidad de sanar la enfermedad humana, de traer revelación sobre la causa de la enfermedad, de dar consejo sobre tratamiento y de orar por los enfermos. Este don también existe para capacitar al creyente para echar fuera demonios de enfermedad.

Los propósitos de la sanidad son muchos.

+ Autentica el mensaje del evangelio.

+ Consuela y trae salud para mostrar la misericordia de Dios.

+ Equipa para el servicio ya que se quitan los impedimentos para el ministerio.

+ Trae gloria a Dios.

+ Muestra el amor de Dios por la humanidad.

+ Demuestra el poder y la soberanía de Dios.

Los métodos usados para sanar eran muchos. Jesús ponía las manos sobre ellos y todos eran sanados. (Vea Lucas 4:40 y Mateo 9:18.) Jesús usó principalmente este método. Observe que con frecuencia la gente no le pedía a Jesús que orara por ellos de alguna forma en general, pero **le** pedían sanidad.

Otro símbolo del poder del Espíritu Santo para sanar era ungir con aceite (Marcos 6:13). Santiago nos alienta:

> ¿Está alguno enfermo entre vosotros? Llame a los ancianos de la iglesia, y oren por él, ungiéndole con aceite en el nombre del Señor. Y la oración de fe salvará al enfermo, y el Señor lo levantará; y si hubiere cometido pecados, le serán perdonados.
>
> —Santiago 5:14-15

El Nuevo Testamento hace énfasis en la fe de la persona enferma, y también en la fe de otras personas (el paralítico que cuatro amigos bajaron a través de un agujero en el techo –Marcos 2:3-12). La fe de otros y orar como lo hizo Santiago pueden traer sanidad cuando los ancianos oran. Su fe libera la sanidad para otro. ¡Para cualquiera de estas cosas debemos tener fe en Jesús! El es *Jehová Rafa*, nuestro sanador.

Don de milagros

El poder de Dios capacita a un ser humano para que la obra milagrosa y el poder de Dios. Es una capacidad dada por Dios para contradecir las leyes del mundo natural, para romper la barrera dimensional entre este mundo y el mundo por venir.

Nota a la traducción:

[a.]Don, *gift* en inglés. El comentario que el autor realiza también es válido para las traducciones al español.

CAPÍTULO 8
Los dones de milagros del Espíritu Santo

En I Corintios 12:10, tenemos el plural "hacer milagros" (*energemata dúnameon*), que se refiere a manifestaciones extraordinarias y puede incluir sanidades. Por lo general esto se asocia con tremendas obras de Dios aparte de los milagros de sanidad. Pablo los listó como dones separados. Los milagros están relacionados con el poder y este poder excede largamente lo que el hombre puede hacer. El hacer milagros es una invasión contra el reino de Satanás y una señal de la penetración del reino de Dios en el mundo actual. La palabra griega es *dúnamis*, de la cual deriva *dinamita*. El primer milagro es la salvación. Lea Romanos 1:16:

> Porque no me avergüenzo del evangelio, porque es poder de Dios para salvación a todo aquel que cree; al judío primeramente, y también al griego.

La palabra *poder* es poder "milagroso" (*dúnamis*).

Los milagros representan un campo de oportunidades totalmente distinto para que el mundo eterno invada este mundo.

¡Un milagro es una interrupción de esta dimensión! El milagro permite que haya acontecimientos que normalmente no sucederían sin una inversión total de la ley natural.

Milagros en las Escrituras

Pablo afligió a Elimas, el mago, con ceguera en Hechos 13:11-12:

> Ahora, pues, he aquí la mano del Señor está contra ti, y serás ciego, y no verás el sol por algún tiempo. E inmediatamente cayeron sobre él oscuridad y tinieblas; y andando alrededor, buscaba quien le condujese de la mano. Entonces el procónsul, viendo lo que había sucedido, creyó, maravillado de la doctrina del Señor.

Recuerde otros asombrosos milagros que Dios obró para su gloria:

+ Trajo muertos de nuevo a la vida (Hechos 9:6-42)

+ Dios permitió que el sol se detuviera para que Josué continuara la batalla (Josué 10:1-15)

Los milagros de Elías en 1 Reyes 17:1-16:

+ No llovió por tres años

- Elías subió al cielo en un carro de fuego

Los milagros de Jesús:

- La alimentación de los cinco mil

- Conversión del agua en vino

- Calmar la tormenta

- Caminar sobre el agua

Los milagros producen asombro respecto a Dios. Un milagro es un acontecimiento o una acción que contradice las leyes de la ciencia y van más allá de ella por los actos de Dios. Los milagros se manifiestan como señales y maravillas.

El propósito de los milagros

Los milagros revelan la gloria de Dios y demuestran su poder y su amor. Además, los milagros ministran a los que no saben nada de Jesús. Los milagros destruyen las obras del enemigo, y lo más extraordinario ¡es que aterrorizan a Satanás! Pero, ¿pueden las personas comunes obrar milagros? Jesús dijo en Juan 14:12-14:

> De cierto, de cierto os digo: El que en mí cree, las obras que yo hago, él las hará también; y aun mayores hará, porque yo voy al Padre. Y todo lo que pidiereis al Padre en mi nombre, lo haré, para que el Padre sea

glorificado en el Hijo. Si algo pidiereis en mi nombre,
yo lo haré.

Jesús comenzó su ministerio con un milagro: convir-
tiendo el agua en vino (Juan 2: 1-11). Finalizó su ministerio
con un milagro: la ascensión en Betania (Hechos 1:9-11).
El Espíritu Santo está aquí hoy para enriquecer al Cuerpo
de Cristo con dones y milagros que siempre ratifican el
evangelio.

La gente tiene más temor de lo sobrenatural que de sus
problemas. Tiene más temor de lo sobrenatural que de sus
enfermedades y de sus situaciones. Las Escrituras enseñan
que sin fe es imposible agradar a Dios.

La Iglesia no fracasará por falta de poder. Pero sí podría
fracasar por negarse a reconocer o a usar el poder que Dios
nos ha dado.

La unción para lo imposible

En 1 Juan 2:15-17, se nos enseña claramente que este mundo
y sus desafíos son pasajeros:

No améis al mundo, ni las cosas que están en el
mundo. Si alguno ama al mundo, el amor del Padre
no está en él. Porque todo lo que hay en el mundo,
los deseos de la carne, los deseos de los ojos, y la
vanagloria de la vida, no proviene del Padre, sino del
mundo. Y el mundo pasa, y sus deseos; pero el que
hace la voluntad de Dios permanece para siempre.

Se nos enseña además que estos son los últimos tiempos:

> Hijitos, ya es el último tiempo; y según vosotros oísteis que el anticristo viene, así ahora han surgido muchos anticristos; por esto conocemos que es el último tiempo.
>
> —1 Juan 2:18

El último tiempo se caracterizará por la religión a favor y en contra de Cristo. ¡*Cristo* significa "el ungido"! Satanás se opone al ungido Cuerpo de Cristo, la Iglesia, como leemos en 1 Juan 2:19:

> Salieron de nosotros, pero no eran de nosotros; porque si hubiesen sido de nosotros, habrían permanecido con nosotros; pero salieron para que se manifestase que no todos son de nosotros.

¡Maravillosamente, hay una unción que saca provecho del conocimiento del otro mundo! Como Juan escribió en 1 Juan 2:26-27:

> Os he escrito esto sobre los que os engañan. Pero la unción que vosotros recibisteis de él permanece en vosotros, y no tenéis necesidad de que nadie os enseñe; así como la unción misma os enseña todas las cosas, y es verdadera, y no es mentira, según ella os ha enseñado, permaneced en él.

No se deje engañar. Hay dones que Dios puede darle que no se pueden enseñar pero que operarán en quienes permanezcan en Cristo.

Bill Bright cuenta una historia verídica sobre el pozo de Yates en el oeste de Tejas. El señor Yates vivía como un indigente, se mantenía con los subsidios del gobierno y constantemente le preocupaba cómo proveer para su familia. Pastoreaba ovejas, cuando al pasar el tiempo una compañía se le acercó y le preguntó si podía cavar un pozo para buscar petróleo en su tierra.

Cuando cavaron 1 115 pies, alcanzaron los 80 000 barriles; algunos descubrimientos fueron del doble que eso. Al pasar treinta años, sacaban 125 000 barriles por día de la tierra de Yates.

Él siempre había sido el dueño de ese petróleo. Nosotros, igual que él, vivimos en la pobreza espiritual y no nos damos cuenta de nuestra herencia. Los dones están dentro de nosotros. Inicie el camino de la fe. Permita que los dones afloren en su vida.

CAPÍTULO 9

Dar la bienvenida a los dones del Espíritu Santo

¿POR QUÉ LOS dones no operan en todas las iglesias? La respuesta a esta pregunta debe comenzar con la verdad. Los dones sencillamente no son bienvenidos en todas las iglesias. El Espíritu Santo no impondrá sus dones en ninguna iglesia. Está claro que sin dones la iglesia estará empobrecida y debilitada. Los dones deben ser bienvenidos.

Los dones no son bienvenidos en algunas iglesias por ignorancia o por enseñanzas incompletas. Así sucedió en mi ministerio durante muchos años. Recibí enseñanza sobre los siete dones de servicio de Romanos 12, pero permanecí al margen de los dones más sensacionales porque me habían convencido de que habían cesado.

Todo eso cambió abruptamente cuando recibí el bautismo del Espíritu Santo. De repente, el mundo sobrenatural se me abrió y vine a vivir al mundo espiritual. Pronto los ángeles se alzaban en mi vida, los demonios se oponían a mi progreso, y los dones eran liberados en mi vida. A través de los años, Dios me enseñó los dones y sus bendiciones.

Mi pregunta en ese momento era: ¿cómo cambio a esta iglesia tradicional para que acepte los dones? Pronto aprendí que el entorno jugaba un papel tan importante como la educación. ¡Debe haber cierta atmósfera además de instrucción espiritual!

Primero, los dones operan en una atmósfera de fe. Romanos 12:6 dice que los dones operan en proporción a nuestra fe. El poder de operación de los dones se incrementa a medida que aumenta la fe. La fe es creer que lo que Dios ha decretado en su Palabra es así, cuando no parece serlo, y hasta que se cumpla. La fe debe declarar la Palabra y creer en ella para que los dones sean eficaces.

Segundo, es necesario que haya un espíritu expectante en la concurrencia. Una atmósfera de expectativa allanará el camino para que los dones operen. Antes de viajar a Roma Pablo generó expectativa acerca de la entrega de dones en la carta que les envió.

> Primeramente doy gracias a mi Dios mediante Jesucristo con respecto a todos vosotros, de que vuestra fe se divulga por todo el mundo. Porque testigo me es Dios, a quien sirvo en mi espíritu en el evangelio de su Hijo, de que sin cesar hago mención de vosotros siempre en mis oraciones, rogando que de alguna manera tenga al fin, por la voluntad de Dios, un próspero viaje para ir a vosotros. Porque deseo veros, para comunicaros algún don espiritual, a fin de que seáis confirmados; esto es, para ser mutuamente confortados por la fe que nos es común a vosotros y a mí...´

> Y sé que cuando vaya a vosotros, llegaré con abundancia de la bendición del evangelio de Cristo.
>
> —Romanos 1:8-12; 15:29

Tercero, la Iglesia debe estar saturada de una atmósfera de genuina adoración. La llenura del Espíritu Santo libera una poderosa alabanza en el Espíritu. Esto no tiene nada que ver con el estilo de la música, porque Pablo escuchaba toda clase de música.

> No os embriaguéis con vino, en lo cual hay disolución; antes bien sed llenos del Espíritu, hablando entre vosotros con salmos, con himnos y cánticos espirituales, cantando y alabando al Señor en vuestros corazones; dando siempre gracias por todo al Dios y Padre, en el nombre de nuestro Señor Jesucristo…
>
> —Efesios 5:18-20

¿Cómo pueden los salmos, los himnos y las alabanzas espirituales promover melodía y armonía? Cuando la alabanza fluye en la unción del Espíritu Santo la atmósfera es cambiada el don sobrenatural.

En la casa de Cornelio, mientras Jesús estaba siendo exaltado por la adoración y la predicación, el Espíritu Santo soltó el don de lenguas. Esta manifestación de los dones se convirtió en parte del Pentecostés de los gentiles en Hechos 10: 44-46:

> Mientras aún hablaba Pedro estas palabras, el Espíritu
> Santo cayó sobre todos los que oían el discurso. Y los
> fieles de la circuncisión que habían venido con Pedro se
> quedaron atónitos de que también sobre los gentiles se
> derramase el don del Espíritu Santo. Porque los oían
> que hablaban en lenguas, y que magnificaban a Dios.

El Espíritu de Dios no está limitado por el espacio, pero por supuesto que puede saturar un lugar.

En cuarto lugar, el honrar a los líderes dotados por Dios puede liberar los dones. Dios suele usar el ministerio de hombres y mujeres ungidos que se mueven en los dones para soltarlos sobre otros. Mi esposa, Paulette, fue bautizada con el Espíritu Santo y recibió el don de lenguas días después de recibir la ministración e imposición de manos del pastor Jack Hayford. Los dones pueden ser impartidos por la imposición de manos, como sucedió con Timoteo, el hijo de Pablo en la fe.

En quinto lugar, los dones espirituales se liberan en la unidad de la iglesia reunida para el ministerio. Uno de los vergonzosos escándalos de la Iglesia es cómo el uso de los dones ha llegado a ser algo que divide. En Efesios 4:11.13 vemos claramente que los dones fueron dados para traer madurez y unidad al Cuerpo.

> Y él mismo constituyó a unos, apóstoles; a otros,
> profetas; a otros, evangelistas; a otros, pastores y
> maestros, a fin de perfeccionar a los santos para la
> obra del ministerio, para la edificación del cuerpo de

Cristo, hasta que todos lleguemos a la unidad de la
fe y del conocimiento del Hijo de Dios, a un varón
perfecto, a la medida de la estatura de la plenitud de
Cristo.

Cuando los miembros con dones encuentran su lugar
en la iglesia y se relacionan con otros, se produce una poderosa liberación de la provisión de Dios.

> ...de quien todo el cuerpo, bien cóncertado y unido
> entre sí por todas las coyunturas que se ayudan
> mutuamente, según la actividad propia de cada
> miembro, recibe su crecimiento para ir edificándose
> en amor
>
> —Efesios 4:16

¡Las iglesias deben celebrar la diversidad de dones
mientras aceptan la unidad del Cuerpo! Sin embargo, las
motivaciones de la iglesia deben ser las correctas para que
los dones operen. Nuestro deseo básico debe ser conducir
a otros a convertirse en seguidores de Cristo Jesús enteramente maduros; nuestra meta debe ser la transformación de las vidas, y no menos que eso. Nuestra motivación
tiene que ir más allá del deseo de tener algún tipo de reuniones apasionantes y apuntar a la madurez de los líderes
para que sean inundados, rebosantes del Señor Jesucristo.
Cuando la verdadera iglesia se junta y glorifica al Señor
Jesucristo, Él suelta su promesa de darnos todo lo que
necesitamos. Nuestra motivación debe estar empapada de

amor. Podremos tener todos los dones y vivir por debajo de nuestros privilegio y deshonrando a Cristo. Los dones permanecen aún cuando el carácter nos deje.

Uno puede tener los dones, el ruido y los bombos y platillos de los dotados carismáticamente, pero no servir a la gente con amor, y todo eso se transforma en mero ruido.

> Si yo hablase lenguas humanas y angélicas, y no tengo amor, vengo a ser como metal que resuena, o címbalo que retiñe. Y si tuviese profecía, y entendiese todos los misterios y toda ciencia, y si tuviese toda la fe, de tal manera que trasladase los montes, y no tengo amor, nada soy. Y si repartiese todos mis bienes para dar de comer a los pobres, y si entregase mi cuerpo para ser quemado, y no tengo amor, de nada me sirve.
>
> —1 Corintios 13:1-3

Los dones sin el propósito adecuado carecen de valor. Los dones descuidados, desperdiciados, empleados abusivamente y enterrados son algo realmente trágico.

Demos la bienvenida y adoremos al Dador de todos los dones, el Espíritu Santo de nuestro Señor Jesucristo.

CAPÍTULO 10
Activar los dones del Espíritu Santo

Muchas veces he tenido el privilegio de orar por personas, para que reciban el bautismo del Espíritu Santo y sus dones. Las he observado, y la gente asume un aspecto extraño en su rostro. Quisiera decirles: "¡No, usted no trate de poner un huevo!" Los dones, por su propia naturaleza, no pueden ser ganados.

Para poder activar los dones del Espíritu, debemos volver a mirar la gran palabra *jarísmata*. ¡Su raíz es *gracia*! Los *jarísmata* son los "dones de gracia". Los dones no son insignias religiosas al mérito que uno puede ganar por su propio esfuerzo. En cambio, los dones son dotación de Dios por el Espíritu Santo para infundir vigor y posibilitar que la obra del reino se lleve a cabo por medio de usted.

> Porque por gracia sois salvos por medio de la fe; y esto no de vosotros, pues es don de Dios; no por obras, para que nadie se gloríe. Porque somos hechura suya, creados en Cristo Jesús para buenas obras, las cuales Dios preparó de antemano para que anduviésemos en ellas.
>
> —Efesios 2:8-10

Los dones de fe nos confieren poder y permiten que Dios nos transforme en nuevas criaturas. La palabra *hechura* es una traducción de la palabra griega *poíema*, de la cual deriva nuestra palabra *poema*.

La presencia del Espíritu Santo toma todo el revoltijo y la confusión de la vida e ingeniosamente, por los dones del Espíritu Santo, ¡transforma su vida en un poema épico! Por lo tanto, una iglesia que acepta los dones debe comenzar con un entendimiento de la gracia de Dios que ofrece sus dones voluntariamente a todos los que creen.

Segundo, para activar los dones uno debe reconocer la obra del Espíritu Santo en el mundo actual. Los dones están disponibles solamente para quienes no temen descubrirlos y abrirlos. Varios meses antes del cumpleaños de mi esposa, le compré una nueva Biblia con tapas de cuero. La aparté para esconderla hasta que llegara el día correcto. Posteriormente le compré otros regalos y viajamos al exterior para celebrar. ¡Me olvidé de la Biblia que le había comprado! Casi un mes más tarde, ella encontró el paquete escondido en un armario. Me preguntó: "Ron, ¿qué es esto?" ¡Inmediatamente me di cuenta de que era el obsequio! ¡Para su deleite era la Biblia que ella quería! El regalo estuvo allí todo el tiempo, ya había sido pagado, ¡pero todavía tenía que ser descubierto y abierto para luego poder ser disfrutado!

La vida de la Iglesia es una travesía de revelación, bendición y búsqueda de una intimidad más profunda con Dios. Esa sería la tercera llave para activar los dones del Espíritu, un hambre por Dios y una búsqueda de su reino.

Esta búsqueda surge del hambre y la sed por la Palabra que nos acercan aún más a Él. Cuanto más cerca estemos de Jesús más gracia y dones recibiremos.

La cuarta llave es una vida de oración regular y apasionada. Los "dones" de Dios están disponibles para quienes los pidan, busquen y golpeen (vea Lucas 11:5-13.) Su Padre Dios lo ama y desea equiparlo para una vida que es "mucho más". Por medio de los méritos de Jesucristo y su cruz Dios desea darnos libremente todo lo que necesitamos.

Además, podemos activar los dones conectándonos con una iglesia local ¡donde crean, enseñen y den libertad a los dones del Espíritu! Es muy poco probable que usted vaya a descubrir sus dones del Espíritu sin estar conectado con una iglesia con unción espiritual, en crecimiento y adoradora. El Espíritu Santo crea una atmósfera en la adoración que quita nuestro temor e inhibiciones.

La motivación también es importante al activar los dones del Espíritu. En Hechos 8:14-24, leemos la historia de Simón el mago que trató de comprar el don del Espíritu Santo. Pedro discernió que su corazón no era recto delante de Dios y que Simón estaba atado por un espíritu de amargura. Los dones de Dios no operarán en nuestras vidas si no tenemos una relación correcta con el Señor. Además, nuestra motivación no puede ser de ganancia personal ni de autopromoción. Los dones son impartidos con el propósito de servir a otros en la comunidad de fe y para alcanzar a quienes necesitan a Cristo.

Por último, permítame agregar que aquellos a quienes Dios da dones deben ser flexibles y estar dispuestos a hacer lo que Dios les mande. ¿Por qué activaría Dios un don si usted no estuviera dispuesto a usarlo? Pienso en el diácono Felipe, que estuvo dispuesto a dejar un tremendo avivamiento en Samaria para alcanzar a un africano, un eunuco de Etiopía. ¡Dios da dones a las personas y espera que usen esos dones dondequiera que Él las guíe!

Quienquiera que alguna vez haya solicitado una tarjeta de crédito luego tuvo que "activarla". Por lo general hay un número de teléfono gratuito al cual uno debe llamar, responder algunas preguntas, y luego se puede comenzar a usar la tarjeta. Uno puede poseer una tarjeta pero ser incapaz de disfrutar sus comodidades por no haberla activado nunca. Además, si uno viola las reglas de la tarjeta o no paga, ¡la tarjeta puede ser desactivada!

Los dones del Espíritu se dan libremente y están disponibles para todos. Sin embargo, deben ser activados y mantenerse activados o resultarán inútiles.

¿Por qué no pedirle a su Padre celestial en este mismo momento que revele y suelte sus dones en su vida?

CAPÍTULO 11

Los últimos días y los dones del Espíritu

A L ANALIZAR LOS dones del Espíritu y los últimos días, ¡debe haber emoción y cautela! Permítame comenzar estableciendo que la operación de los dones del Espíritu ¡debe ir en aumento en los últimos días! Preste atención a las siguientes verdades en cuanto a los dones en los primeros versículos de 1 Corintios:

> Gracias doy a mi Dios siempre por vosotros, por la gracia de Dios que os fue dada en Cristo Jesús; porque en todas las cosas fuisteis enriquecidos en Él, en toda palabra y en toda ciencia; así como el testimonio acerca de Cristo ha sido confirmado en vosotros, de tal manera que nada os falta en ningún don, esperando la manifestación de nuestro Señor Jesucristo.
>
> —1 CORINTIOS 1:4-7

El gran apóstol reconoce las riquezas y diversidad de dones que operan en la iglesia de Corinto. Reconoce que los dones de inspiración y de discernimiento enriquecen a la iglesia. Él además confirmó la presencia de Jesús en sus vidas. Luego Pablo hace esta afirmación que destruye cualquier idea de que los dones hayan cesado.

Está claro que el gran apóstol se preocupa porque la iglesia no se quede rezagada en los dones de Dios ya que la segunda venida de Cristo se acerca. La palabra *revelación* se traduce de la palabra griega *apokálupsis*, que se refiere al develamiento de Cristo en su segunda venida. Obviamente, Pablo esperaba que la operación de los dones espirituales aumentara a medida que el fin se acercase.

Se dice que los dones "confirman" al creyente hasta "el final". Los dones también sirven para purificar a la Iglesia de los últimos días, de manera que sea una iglesia sin mancha.

La Iglesia de los Tiempos Finales como es descrita en las Escrituras parece ser más fogosa que nuestro modelo actual. La paraeclesia de hoy parece aceptar la creencia de que "menos es más". Hay un abandono del liderazgo del Espíritu Santo a favor de una mercadotecnia que atrae a la gente a través de los cinco sentidos. No hay nada de malo en usar la vestimenta, la música y la cultura contemporáneas como vehículo para llevar el evangelio, pero eso no es suficiente.

Muchos en la Iglesia contemporánea tienen una puerta trasera por la cual los miembros salen a buscar una relación más profunda con Dios. Esto no debería ser así. La idea de que "hagamos todo el domingo" para una audiencia no es el plan del Nuevo Testamento para la Iglesia. Cada miembro del Cuerpo de Cristo tiene dones y es importante. Por consiguiente, ¡la iglesia de los últimos tiempos debe reunirse más a menudo! (Vea Hebreos 10:25).

En vez de tener menos servicios, se nos dice que en los últimos tiempos la Iglesia se reunirá con más frecuencia al darse cuenta de que "el Día se acerca". Ahora estos servicios deben estar sensibles al Espíritu de Dios y vibrar en la adoración.

A medida que nos acercamos al final de los tiempos, la Iglesia enfrenta desafíos mayores que solo pueden ser superados por la gracia capacitadora de Dios. Las "cosas de este mundo" no satisfacen el hambre interior de las personas. Hay una sed espiritual que solo la presencia de Dios y los dones pueden saciar.

Además, hay un hambre por el mundo sobrenatural como jamás antes he experimentado. Los viejos dioses del materialismo y el entretenimiento superficial están muriendo. Los sistemas políticos han fallado. La iglesia es cada vez más transigente y crece en tibieza. El nivel de compromiso de la cristiandad occidental palidece enfermo de anemia en comparación con la pasión ardiente y abrasadora del militante musulmán.

El despertar espiritual que se necesita ¡debe incluir un renuevo de los dones espirituales de Dios! Los dones facilitarán un poderoso avance y permitirán que Dios dirija su obra por medio de la Iglesia.

Algunas advertencias

Los últimos días también verán el levantamiento de dones falsos soltados por el anticristo. Como se nos dice en 2 Corintios 11:13-15:

> Porque éstos son falsos apóstoles, obreros fraudulentos, que se disfrazan como apóstoles de Cristo. Y no es maravilla, porque el mismo Satanás se disfraza como ángel de luz. Así que, no es extraño si también sus ministros se disfrazan como ministros de justicia; cuyo fin será conforme a sus obras.

Satanás tendrá ministerios falsos que imitarán los dones bajo influencia demoníaca. En los últimos días se desatarán líderes demoníacos que engañarán e intentarán prostituir las cosas de Dios. Lamentablemente, también habrá religión muerta e iglesias que operen en los últimos días sin el Espíritu.

> También debes saber esto: que en los postreros días vendrán tiempos peligrosos. Porque habrá hombres amadores de sí mismos, avaros, vanagloriosos, soberbios, blasfemos, desobedientes a los padres, ingratos, impíos, sin afecto natural, implacables, calumniadores, intemperantes, crueles, aborrecedores de lo bueno, traidores, impetuosos, infatuados, amadores de los deleites más que de Dios, que tendrán apariencia de piedad, pero negarán la eficacia de ella; *a éstos evita*.
>
> —2 Timoteo 3:1-5, énfasis añadido

Este grupo negará los dones y el poder del Espíritu Santo. Se nos advierte que "evitemos" tales iglesias. Toda esta deserción y engaño es la preparación para la venida del anticristo, cuyo espíritu está operando ahora en el mundo. (Vea 1 Juan 2:18; 2 Tesalonicenses 2:9.)

Satanás y sus demonios se están haciendo más activos en estos últimos días. Fíjese que cuando la segunda bestia, el falso profeta, aparece lo hace imitando el poder del Espíritu Santo (Apocalipsis 13:13-14).

Así que nosotros debemos operar en los dones y el poder del Espíritu Santo dentro de los parámetros de la cobertura apostólica, profética y pastoral que encontramos en la iglesia local. Además, debemos atenernos a la verdad de la infalible Palabra de Dios. Por último, debemos examinar los dones sobrenaturales para ver por qué espíritu están obrando. Los creyentes son amonestados en 1 Juan 4:1-3:

> Amados, no creáis a todo espíritu, sino probad los espíritus si son de Dios; porque muchos falsos profetas han salido por el mundo. En esto conoced el Espíritu de Dios: Todo espíritu que confiesa que Jesucristo ha venido en carne, es de Dios; y todo espíritu que no confiesa que Jesucristo ha venido en carne, no es de Dios; y este es el espíritu del anticristo, el cual vosotros habéis oído que viene, y que ahora ya está en el mundo.

Así que celebremos y usemos los dones. Tomemos los auténticos y rechacemos los falsos. ¡Los dones sobrenaturales y milagrosos de Dios están disponibles para usted hoy!

Cuando mi hijo tenía siete años tomaba galletitas de nuestra despensa y se las ofrecía a los otros niños del barrio.

Un día él había salido con su madre y otro niño llamó a mi puerta. Miré su carita de siete años. Él me miró hacia arriba y me dijo: "Deme una galletita". Le dije: "¿Por qué debería darte una galletita?" Él respondió: "Porque su hijo dijo que usted me la daría". ¡Guau! ¡Él obtuvo su galletita! De la misma manera, como el Hijo de Dios lo dijo, ¡usted puede recibir los sobrenaturales dones del Espíritu!

NOTAS

CAPÍTULO 1
LOS DONES DEL ESPÍRITU SANTO: SU NECESIDAD Y PROPÓSITO

1. Vote Recorder (Registradora de votos), The Thomas Edison Papers, http://edison.rutgers.edu/vote.htm , (Consultado en línea el 7 de noviembre de 2011.)

2. La Creación fue un acto de la Trinidad: Dios el Padre lo dispuso, Dios el Hijo la creó por el poder de Dios el Espíritu Santo.

3. Wayne Grudem, *Teología Sistemática* (Editorial Vida, Miami, Florida, 2007), 666.

4. Thomas Scott, Matthew Henry y William Jenks, *The Comprehensive Commentary on the Holy Bible; containing the text according to the Authorized version* (Philadelphia: J.B. Lippincott & Co, 1859), 311.

5. A. W. Tozer, *Tozer: The Mystery of the Holy Spirit* (n.p.: Bridge-Logos, 2007).

CAPÍTULO 3
LA DISPONIBILIDAD DE LOS DONES DEL ESPÍRITU EN LA ACTUALIDAD

1. Siegfried Shatzmann, *A Pauline Theology of the Charismata* (Peabody, Mass Hendrickson Publishing, 1989), 78 Schatzmann teaches at Southwestern Seminary.

2. Archibald Robertson, Alfred Plummer, *A Critical and Exegetical Commentary on the First Epistle to the Corinthians* (Edinburgh T & T Clark, 2nd Edition), 297.

3. Ken Hemphill, *Mirror, Mirror on the Wall*, (Nashville: Broadman Press, 1992), 78–80.

4. Vea el capítulo 1 de *"Una guía esencial para hablar en otras lenguas"*, en esta serie.

5. Para una discusión más rigurosa, vea el libro del autor *"Una guía esencial para hablar en otras lenguas"*, en esta serie.

6. John Mark Ruthven, "Can a Charismatic Theology be Biblical," home.regent.edu/ruthven, paper.

7. (Vedder 1967) Henry C. Vedder, *Short History of the Baptist* (Valley Forge, PA: Judson Press, 1967), 3–10.

8. Ibíd.

9. (Armitage 1887) Thomas Armitage, *A History of the Baptist*, Vol. 1 (New York:1887).

10. (Vedder 1967), 119–25

11. (Jarrell 1904) W.A. Jarrell, *Baptist Church Perpetuity* (Fulton, KY; National Baptist Publishing House, 1904), 69.

12. Ibíd.

13. Ibíd.

14. Ibíd, 73, Möller de *Schaff Herzog Encyclopedia, vol. 2*, 1562.

15. Ibíd, Neander de *History of the Christian Church, vol. 1*, 518–19.

16. Ibíd, 74, Thomas Armitage de *History of the Baptist*, 175.

17. Ibíd, 75, William R. Williams de *Lectures on Baptist History*, 129.

18. Ibíd. 76, Möller de *Schaff Herzog Encyclopedia, vol. 2*, 1562.

19. Como dicho en Vedder, 137–56.

20. Ver bibliografía, especialmente historias de los bautistas y el libro del autor *Despertado por el Espíritu*, Editorial Caribe, 2000.

21. Ben M. Bogard, *Pillards of Orthodoxy or Defenders of the Faith* (Fulton, KY; National Baptist Publishing House, 1901), 436.

22. Obviamente, Azusa fue el punto de partida y de separación de quienes creen en los dones, y el nacimiento de nuevos grupos. Por incómodo que pueda resultar para los bautistas, los pentecostales ven nuestra herencia como una parte de su historia.

23. John A. Broadus, *Sermons and Addesses* (Baltimore; R. H. Woodward, 1890), 228–230.

24. Frank Bartleman, *Another Wave of Revival* (Springdale, PA; Whitaker House, 1982), 26.

25. Contacte Fuller Seminary www.fuller.edu/ Global research center.

Capítulo 4
La necesidad de los dones espirituales

1. David Ireland, *Activating the Gifts of the Holy Spirit* (Whitaker House, New Kensington, PA: 1992), 13–35.

Capítulo 6
Los siete dones de servicio del Espíritu Santo

1. Martin Luther and Wilhelm Pauck, *Luther: Lectures on Romans* (Louisville, KY:Westminster John Knox Press, 2006), 336.